Money and Jesus

돈과 예수

돈. 헌금. 구제. 가난. 부자에 대한 성경의 평가기준

앤드류 머레이 지음 · 임은묵 옮김

예찬사

역자의 말

앤드류 머레이의 『돈과 예수』는 우리 삶의 중심에 있는 돈과 신앙의 관계를 깊이 있게 이야기합니다. 특히 돈에 대한 예수님의 평가와 돈을 주장하시는 성령님의 역할에 주목하여 돈의 소유, 소비, 헌금, 구제 등 모든 과정에 성삼위 하나님의 개입하심을 말합니다. 이를 통해 저자는 돈에 대한 우리의 태도가 단순히 개인적인 문제가 아니라, 하나님과의 동행 속에서 이루어져야 함을 강조합니다.

저자는 하나님의 은혜와 돈의 관계를 깊이 있게 다루며, 하나님의 은혜가 우리 안에 풍성한 나눔을 이끌어내는 원동력임을 말합니다. 헌금이 단순히 물질적인 것을 드리는 행위가 아니라, 하나님께 우리 자신을 드리는 신성한 행위임을 역설합니다.

저자는 그리스도의 가난에 대한 깊은 성찰을 통해 물질적인 풍요보다 더 중요한 영적인 부요를 추구하도록 독자들을 초대합니다. 그는 그리스도의 가난이 단순한 금욕주의가 아니라, 하나님 나라를 향한 열정과 사랑을 실천하는 삶의 모습임을 보여줍니다.

이 책은 단순히 돈에 대한 이론적인 지식을 전달하는 것을 넘어, 우리의 삶 속에 깊이 자리 잡은 돈에 대한 욕심과 불안을 해소하고, 하나님 중심의 삶을 살아가도록 돕는 실천적인 지침을 제공합니다. 돈에 대한 욕심이 세속적으로 과도하게 부추겨지는 시대에 사는 독자들은 돈에 대한 성경적인 관점을 확립하고, 건강한 재정관을 세울 수 있습니다. 헌금의 의미를 새롭게 깨닫고, 기쁨으로 헌금할 수 있습니다. 하나님의 은혜를 더욱 깊이 경험하고, 풍성한 삶을 살아갈 수 있습니다. 그리스도의 가난을 본받아 다른 사람들을 부요하게 하는 데 쓰임 받을 수 있습니다.

역자는 독자가 이 책을 통해 가정과 교회와 선교지와 사회에서 하나님의 사랑과 그리스도의 은혜와 성령님의 능력을 나타내는 삶을 살아가는 데 도움 받기를 소망합니다.

역자 임은묵

차례

Chapter 1
돈에 대한 그리스도의 평가

"예수께서 헌금함을 대하여 앉으사 무리가 어떻게 헌금함에 돈 넣는가를 보실새 여러 부자는 많이 넣는데"(마 12:41).

우리의 경건생활과 성경공부에서 가장 중요한 것은 그리스도가 생각하신 것을 찾아내고 그리스도가 느끼신 것을 그대로 느끼는 것입니다.

우리는 그리스도의 말씀에서 지침과 도움을 줄 수 있는 것을 찾게 됩니다.

우리는 돈에 관한 그리스도의 생각을 이해하고, 그리스도가 생각하신 것을 정확하게 알고, 그리스도가 하신 생각과 행동을 그대로 하기를 원합니다.

이것은 쉬운 것이 아닙니다.

우리는 우리 주변의 세상에 매우 큰 영향을 받고 있으며, 우리가 그리스도처럼 생각하고 행동했는지에 관한 쓸데없는 두려움이 우리에게 쉽게 몰려오기 때문입니다.

만약 우리가 진정으로 그리스도의 마음을 발견하고자 갈망한다면, 그리스도가 우리에게 원하시는 생각과 행동을 하도록 우리를 인도하실 것이니 두려워하지 맙시다.

오로지 '내가 돈을 어떻게 소유하고 어떻게 사용해야 할지를 그리스도께서 가르쳐 주시기를 원합니다.'라고 솔직하게 생각하십시오.

그리스도가 헌금함을 대하여 앉아 사람들이 돈을 넣는 것을 보시는 장면을 잠시 숙고해보겠습니다.

우리는 교회에서 헌금한 후에 종종 가룟 유다나 어떤 회계 담당 집사나 헌금위원을 연상합니다.

그러나 예수님이 여기에 앉아서 헌금함에 돈을 넣는 사람들을 보시는 것에 유의하십시오.

예수님은 그들을 보시는 동안에 하나님의 저울로 모든 헌금을 달아보시며 그 가치를 정하십니다.

그리고 지금도 천국에서 같은 일을 하고 계십니다.

예수님은 하나님의 일을 위해 드려지는 헌금의 크기를 보시지 않습니다.

다만 이생이나 내세에 가져다줄 복을 위하여 그 헌금에 주의하시고 가치를 두십니다.

그리고 예수님은 자신이 우리의 헌금을 어떻게 생각하시는지를 우리가 알기를 원하십니다.

헌금은 우리의 경건생활의 일부이며, 그리스도에 의해 목격되며, 그리스도의 말씀에 의해 단속되어야 합니다.

이에 관하여 성경이 무엇을 가르치는지 확인하고 알아보겠습니다.

1. 헌금은 그 사람의 인격을 확실히 검증해줍니다

돈은 세상에서의 가치표준입니다.

돈이 의미하는 모든 것을 설명하기는 쉽지 않습니다.

돈은 노동과 기업과 영리의 상징입니다. 돈은 부지런히 수고한 것에 대한 하나님 복의 상징이기도 합니다.

돈은 마음이나 육체의 섬김을 받고, 재산이나 위로나 향락을 얻고, 영향력과 권세를 얻는 것과 같습니다.

그래서 세상이 돈을 사랑하고, 다른 것보다 돈을 더 찾아다니고, 돈을 자주 숭배하는 것은 이상한 일이 아닙니다.

돈은 물질의 가치표준인 것뿐만 아니라 사람 자신의 가치표준이기도 하며, 그 사람은 매우 자주 그가 소유한 돈에 따라서 평가됩니다.

하지만 사람은 이 세상나라 안에서만 아니라 하늘나라에서도 그의 돈에 의해서 심판을 받습니다.

다만, 이 두 나라에는 각각 다른 원리가 적용됩니다.

세상은 "그는 무엇을 소유하고 있는가?"라고 묻고, 그리스도는 "그는 자기의 소유를 어떻게 사용하는가?"라고 물으십니다.

세상은 돈을 소유하는 방법을 더 생각하고, 그리스도는 돈을 하나님 나라를 위하여 드리는 것에 관하여 더 생각하십니다.

그리고 사람이 자기의 돈을 드릴 때 세상은 "그는 무엇을 드렸는가?"라고 묻고, 그리스도는 "그는 그것을 어떻게 드렸는가?"라고 물으십니다.

세상은 돈과 돈의 액수를 보고, 그리스도는 돈을 소유한 그 사람과 그의 동기를 보십니다.

이 가난한 과부의 이야기를 살펴보십시오. 다수의 부자는 헌금함에 많은 돈을 넣었습니다.

하지만 그것은 그들이 가진 엄청난 돈의 일부였습니다.

이런 헌금에는 진정한 헌신이 없었습니다.

그들의 삶은 항상 충만하고 평안했으며, 그 정도의 헌금은 그들에게 아무런 희생이 되지 않았습니다.

그들의 헌금에는 하나님에 대한 특별한 사랑이나 헌신이 없었으며, 쉽고 전통적인 종교의 일부였을 뿐입니다.

과부는 가장 적은 돈을 헌금함에 넣었습니다.

그녀는 가난했지만, 자신이 가진 모든 것을 넣었습니다.

심지어는 생활비 전부를 넣었습니다.

그녀는 하나님에게 아무것도 돌려받기를 바라지 않고서 자기의 모든 것을 드렸습니다.

모든 것을 말입니다.

우리의 표준과 그리스도의 표준은 매우 다릅니다.

우리는 사람이 얼마나 드리는지를 묻고, 그리스도는 사람이 얼마나 많은 것을 소유하고 있는지를 물으십니다.

우리는 헌금 그 차체를 보고, 그리스도는 그 헌금이 희생(sacrifice)인지를 보십니다.

과부는 아무것도 남기지 않았습니다.

자기의 소유 전부를 드렸습니다.

그녀의 헌금은 예수님의 마음에 들었고 인정을 받았습니다.

이는 부요하신 예수님이 우리를 위하여 가난하게 되신 희생의 정신에 근거한 것이었기 때문입니다.

부자들은 풍족한 제물 중 일부를 헌금함에 넣었습니다.

과부는 가난한 중에 자기의 모든 소유를 넣었습니다.

그러나 만약 우리 주님이 우리가 과부처럼 하기를 원하셨다면, 왜 우리에게 그렇게 하라고 명확하게 명하시지 않으셨을까요?

주님이 그렇게 명하셨다면, 우리는 기쁨으로 우리의 모든 소유를 드렸을 것입니다.

당신은 돈을 소유하고 있습니다.

당신은 그렇게 하라는 명령을 원합니까?

이것은 그리스도가 우리에게 요구하시는 것이 아니며, 우리가 그렇게 드린다 해도 그것을 받으시지 않을 것입니다.

예수님은 자발적으로 드리는 관대한 사랑을 원하십니다.

예수님은 모든 헌금이 사랑으로 따스하고 밝은 헌금이 되기를 바라시며, 진정으로 자발적인 헌금이 되기를 바라십니다.

만약 가난한 과부가 주님에게서 얻었던 승인을 당신도 얻기를 원한다면, 모든 것을 주님의 발 앞에 놓고서 주님의 뜻대로 되도록 해야 한다는 것을 기억하십시오.

마리아가 마음에서 우러나는 사랑을 표현하지 않을 수 없었던 것처럼, 당신의 마음에서 우러나는 사랑의 표현으로써 그렇게 해야 합니다.

내가 드리는 모든 헌금은 내 인격을 검증해주는 것입니다.

"주 예수님, 제가 주님을 열심히 사랑하도록 저에게 은혜를 베푸시고, 제가 주님께 재물을 드리는 법을 알게 하옵소서."

2. 헌금은 은혜 받는 큰 수단입니다

그리스도는 자신이 헌금함 앞에서 보았던 것에 관해 말씀하시는 것을 자기 제자들이 와서 듣도록 하셨습니다.

이것은 제자들과 우리가 헌금할 때 어떻게 해야 하는지를 보여주는 것이었습니다.

만약 우리가 그리스도가 하시는 말씀을 진정으로 배우기를 원하는 마음으로 귀를 기울인다면, 우리의 헌금은 우리가 은혜 안에서 성장하는데 우리 생각보다 더 큰 영향을 끼칠 것입니다.

세상의 영은 "육신의 정욕과 안목의 정욕과 이생의 자랑"입니다.(요일 2:16 참조)

돈은 세상이 스스로 정욕을 만족하게 하는 큰 수단입니다.

그리스도는 자기 백성에 관하여 **"이는 내가 세상에 속하지 아니함 같이 그들도 세상에 속하지 아니함으로 인함이니이다."**(요 17:14)라고 말씀하셨습니다.

하나님의 백성은 돈 관리를 할 때 세속에 물들지 않은 원리를 따라 해야 하고, 하늘의 영이 돈을 어떻게 사용해야 하는지를 자신들에게 가르치시도록 해야 합니다.

하늘의 영은 무엇을 상기시켜줍니까?

돈을 영적인 목적들을 위하여 사용하고, 영원히 남게 될 것들을 위하여 사용하고, 하나님을 기쁘시게 하는 것을 위하여 사용하십시오.

"그리스도 예수의 사람들은 육체와 함께 그 정욕과 탐심을 십자가에 못 박았느니라"(갈 5:24).

육체를 십자가에 못 박힌 채로 남아 있게 하는 방법 중 하나는 절대로 육체를 만족시키는 데 돈을 사용하지 않는 것입니다.

그리고 돈을 육체를 만족시키는 데 사용하게 하려는 모든 유혹을 이기는 방법은 돈의 영적 능력에 관한 생각으로 당신의 마음을 채우는 것입니다.

당신의 육체가 십자가에 못 박힌 채로 있게 하는 법을 배우고자 한다면, 동전 하나도 육체를 만족시키는 데 사용하기를 거부하십시오.

자신을 위해 사용된 돈은 자신을 살지게 하고 건강하게 하고 편안하게 하는 것과 같이, 하나님께 드려진 돈은 영혼이 세상과 육체를 이기고 승리할 수 있도록 돕습니다.

우리의 모든 신앙생활은 우리가 돈을 다루는 방법에 의해서 강화될 수 있습니다.

다수의 사람은 돈 버는 일에 끊임없이 종사해야 합니다.

이는 그들의 심령이 본디 세상의 삶을 살 수밖에 없기 때문입니다.

이런 유혹을 지속하여 이기게 하는 것은 믿음입니다.

돈의 위험에 대한 모든 생각과 돈의 위험에 저항하는 모든 노력과 하나님께 드리는 모든 충실한 헌금은 우리의 신앙생활을 돕습니다.

우리는 하나님의 빛 안에서 모든 것을 봅니다. 우리는 모든 것이 영원에서 나온 것으로 판단하며, 우리 손을 통과하여 하나님께 드려진 돈은 믿음과 천상의 마음가짐 안에서의 일상 훈련이 됩니다.

우리의 헌금은 사랑의 삶을 매우 특별하게 강화해줍니다.

모든 은혜가 성장하기 위해서는 실행되어야 할 필요가 있으며, 사랑도 이와 마찬가지입니다. 우리는 우리의 돈이 우리가 주변에 있는 어려운 사람들을 긍휼히 여기도록 하여 우리의 사랑을 어떻게 발전시키고 강화해주는지를 압니다.

돈을 하나님의 일을 위해 드리라는 모든 부르심과 우리가 하나님의 일에 돈을 드리는 모든 응답은 새로운 사랑을 일으

켜주고, 돈을 드리라고 하는 복된 요구에 온전히 순종하도록 해줍니다.

헌금은 당신이 은혜를 받게 해주는 최상의 방법입니다. 헌금은 당신이 당신의 모든 것을 하나님께 드리는 것을 반복하므로 하나님과 끊임없이 교제하게 합니다.

헌금은 당신이 자기부인과 믿음과 사랑으로 하나님 앞에서 행하는 당신의 진심을 증거해줍니다.

3. 헌금은 하나님을 위한 경이로운 힘입니다

그리스도교는 경이로운 종교입니다.

그리스도교는 세상의 자기 이익과 탐욕과 교만으로 감각의 힘을 구현한 바로 그 돈을 받아들이며, 하나님을 예배하고 영화롭게 하기 위한 도구로 변화시킵니다.

가난한 사람들을 생각해보십시오.

사랑의 손에서 나와 적시에 기부된 작은 돈은 절망에 빠진 다수의 사람에게 도움과 행복을 가져다줍니다.

하나님은 이 목적을 이루시기 위해서 부요한 사람들과 가난한 사람들의 차이를 허락하셨습니다.

또한, 사고파는 것과 같은 상호교환이 사람들 가운데 유지되는 것과 같이 사랑의 주고받음 안에서 선한 행위를 하는 것과 선한 행위를 받는 것의 행복을 위한 풍성한 의도가 있습니다.

예수님은 **"주는 것이 받는 것보다 복이 있다."**(행 20:35)라고 말씀하셨습니다.

핍절한 사람들을 금이나 은으로 구제하고 가난한 사람들의 마음을 기쁘게 하는 것의 능력을 갖는 것은 신적인 특권이며 행복입니다!

우리가 우리 자신을 위해 돈을 쓰는 것보다 가난한 사람들에게 나눠주는 것이 우리에게 더 큰 기쁨의 근원이 되게 하는 그리스도교는 복된 종교입니다.

우리 자신을 위해 쓰는 돈은 일시적이고 세속적인 것을 위한 것입니다.

하지만 사랑의 역사 가운데 사용된 돈은 영원한 가치가 있으며, 우리 자신과 다른 사람들에게 갑절의 행복을 가져다줍니다.

교회들과 이 세상에서의 사역, 곧 국내와 해외에서의 선교와 및 사람들을 죄에서 구원하여 하나님과 거룩함으로 인도하는 수천의 선교회들을 생각해보십시오.

올바른 정신으로 하나님의 보물창고에 넣어진 이 세상의 금전이 천국 조폐국의 각인을 받을 수 있다는 것과 그것이 천국의 복과 교환될 수 있다는 것은 사실일까요?

예, 사실입니다.

믿음과 사랑으로 드리는 헌금은 교회의 보물창고로만 들어가는 것이 아니라 하나님의 보물창고로도 들어가며, 천국의 것들을 사는데 다시금 지급될 수 있습니다.

그리고 이것은 항상 "얼마를 드렸습니까?"라고 묻는 지구의 가치표준이 아니라 천국의 가치표준을 따릅니다.

천국에는 많고 적음, 크고 작음을 판단하는 인간의 표준이 없습니다.

그리스도는 가난한 과부의 두 렙돈에 영원성을 부여하셨습니다.

주님이 승인하시자, 두 렙돈은 가장 빛나는 금보다 더 밝게 온 시대를 비추었습니다.

이것의 교훈은 수많은 사람에게 복이 되었습니다.

이것은 당신의 작은 돈이 정직하게 드려지면 주님의 승인과 각인과 영원한 복을 얻는다는 것을 말해줍니다.

만약 우리가 성령님이 우리에게 천국의 조폐국장이신 우리 주 예수님이 모든 진실한 헌금에 각인을 찍으시고 하나님 나라를 위해 사용하시는 것을 보여주시도록 잠잠히 묵상하는 시간을 더 가지면, 우리의 돈은 확실히 새로운 광채를 발하기 시작할 것입니다.

그리고 우리는 "내가 나를 위해서 돈을 적게 쓰고 내 주님을 위해 더 쓸수록 나는 더 부요한 자입니다"라고 말해야 합니다.

그리하면 우리는 그 과부가 다수의 부자보다 더 많은 헌금을 드리고서 더 큰 은혜를 받은 것처럼, 자신의 것을 드릴 수 있는 대로 진실하게 드리는 사람은 가장 부요한 사람임을 보게 될 것입니다.

4. 헌금은 천국으로 이어진 사닥다리를 오르도록 계속 도와줍니다

당신은 우리 주 예수님이 돈에 관하여 얼마나 자주 비유로 말씀하셨는지를 압니다.

주님은 불의한 청지기의 비유에서 **"불의의 재물로 친구를 사귀라. 그리하면 그 재물이 없어질 때에 그들이 너희를 영주할 처소로 영접하리라"**(눅 16:9) 하고 말씀하셨습니다.

달란트 비유에서는 **"네가 마땅히 내 돈을 취리하는 자들에게나 맡겼다가 내가 돌아와서 내 원금과 이자를 받게 하였을 것이니라."**(마 25:27) 하고 말씀하셨습니다.

자신이 받은 달란트를 사용하지 않은 사람은 모든 것을 잃었습니다.

양과 염소 비유에서는 **"내 아버지께 복 받을 자들이여 나아와 창세로부터 너희를 위하여 예비된 나라를 상속받으라."**(마 25:34) 하시는 말씀을 듣게 될 사람들은 예수님의 이름으로 가난하고 불쌍한 이들을 보살핀 사람들이라고 말씀합니다.

우리는 행위나 돈으로 천국을 살 수 없습니다. 그러나 그리스도에 대한 거룩한 마음과 사랑, 사람에 대한 사랑, 하나님의 일에 대한 헌신은 당신의 헌금으로 촉진되고 증명됩니다.

"내 아버지께 복 받을 자들이여 나아와 창세로부터 너희를 위하여 예비된 나라를 상속받으라." 하신 말씀은 그리스도와 그분의 일을 위하여 진실되게 쓰인 돈을 중요시할 것입니다.

우리의 헌금은 우리가 천국에 들어가도록 예비해주어야 합니다.

천국과 거룩함을 수천 달러로 살 수 있다면, 그 돈을 주고서라도 그것들을 살 사람은 매우 많습니다.

돈으로는 이것들을 살 수 없습니다. 그러나 그들은 돈이 거룩함과 천국의 길로 행하도록 경이롭게 도와줄 수 있다는 것을 알아야 합니다.

자기희생과 사랑의 정신과 모든 것을 지급하신 주님을 믿는 믿음으로 드린 돈은 그에게 풍성하고 영원한 상을 가져다 줍니다.

하나님이 복을 주시는 대로 날마다 하나님께 드리십시오.

하나님이 당신에게 요구하시는 대로 날마다 드리십시오.

당신의 드림은 천국이 당신에게 더 가까이 오도록 도울 것이며, 당신을 천국에 더 가까이 가도록 도울 것입니다.

헌금함을 대하여 앉으셨던 그리스도는 나의 그리스도입니다.

주님은 나의 헌금을 지켜보고 있습니다.

주님은 전적인 헌신과 사랑의 정신으로 드린 것을 받아들이십니다.

주님은 자기의 제자들이 자기가 판단하듯이 판단하도록 가르치십니다.

주님은 나에게 헌금을 어떻게 드려야 할지, 얼마나 드려야 할지, 얼마나 애정을 기울여 드려야 할지, 얼마나 진실하게 드려야 할지를 가르치실 것입니다.

매우 많은 유혹과 죄와 슬픔과 영원한 사망의 원인인 돈이 보물창고의 주인이신 예수님의 발 앞에 드려져서 받아들여지면, 나와 다른 사람들에게 임하는 은혜의 좋은 경로 중 하나가 됩니다(나는 다른 것보다 이것을 배우기를 원합니다).

우리는 우리를 사랑하시는 분으로 인하여 돈을 넉넉히 이기는 사람들이 되었습니다.

"주님, 과부가 가난한 중에도 자기의 모든 것을 드렸던 정신을 교회에 부어주십시오."

Chapter 2
성령님과 돈

"믿는 사람이 다 함께 있어 모든 물건을 서로 통용하고 또 재산과 소유를 팔아 각 사람의 필요를 따라 나눠 주며"(행 2:44-45).

성령님은 사람들 속에 거하시려고 오순절 날에 임하셨을 때에 그들 평생의 책임과 통제를 맡으셨습니다.

그들은 성령님의 감동과 인도 없이는 아무것도 하지 않게 되었습니다.

그들이 움직이고 살아가고 "성령님 안에서" 거하는 것은 온전히 영적 사람들이 되는 것입니다.

그러므로 그들의 소유와 재산과 돈도 성령님의 법칙의 영향 아래에 있었으며, 그들의 소득과 지출은 그때까지 알려지지 않은 새로운 원리들에 의해 움직였습니다.

우리는 사도행전의 첫 몇 장에서 성령님이 돈 사용에 관한 지시와 심판을 하시는 것의 증거를 하나 이상 찾게 됩니다.

만약 내가 그리스도인으로서 베푸는 것을 알기를 원한다면, 그리스도인으로서의 삶과 교회생활에서 돈이 차지해야 할 위치가 어디인지 가르치시는 성령님의 가르침을 배워야 합니다.

1. 성령님은 돈의 소유자이십니다

"믿는 사람이 다 함께 있어 모든 물건을 서로 통용하고 또 재산과 소유를 팔아 각 사람의 필요를 따라 나눠 주며"(행 2:44-45).

"그 중에 가난한 사람이 없으니 이는 밭과 집 있는 자는 팔아 그 판 것의 값을 가져다가 사도들의 발 앞에 두매 그들이 각 사람의 필요를 따라 나누어 줌이라. 구브로에서 난 레위족 사람이 있으니 이름은 요셉이라. 사도들이 일컬어 바나바라(번역하면 위로의 아들이라) 하니 그가 밭이 있으매 팔아 그 값을 가지고 사도들의 발 앞에 두니라"(행 4:34-37).

그들은 어떤 명령이나 지시를 받지 않고서도 성령님이 그들의 마음에 주신 사랑의 기쁨 곧 그들을 부요하게 만들어준 천국 보물의 기쁨 안에서 자발적으로 자기 소유를 분배하여 주님과 주님의 종들이 그것을 사용하도록 했습니다.

그렇지 않으면 이것은 이상한 일이었을 것이며, 교회에 끔찍한 손실이었을 것입니다.

돈은 행복을 주는 힘의 위대한 상징이며, 사람들을 하나님에게서 멀어지게 하는 주요 우상 중 하나이며, 그리스도인이 날마다 노출된 세속의 끊임없는 유혹입니다.

돈의 힘으로부터 완전한 해방을 예비하지 않은 것은 완전한 구원이 아닙니다.

오순절 날의 이야기는 성령님이 사람들 속에 충만히 임하셨을 때 세속의 재물들은 제 자리를 잃었다고 말합니다.

이제 돈은 우리 주님과 우리의 동역자들을 사랑하고 섬기는 것을 증명해주는 수단으로만 평가받습니다.

제단 위에 놓인 사람을 찾으시고 희생제물을 태우시기 위해 하늘로부터 임하시는 그 불은 그 사람의 돈도 찾으시며, 그 금제단을 전부 주님께 성별해줍니다.

우리는 여기서 그리스도인의 드림의 진정한 비밀을 배우게 됩니다.

실제로 그리스도인의 참 생활의 비밀은 성령님을 기쁘시게 하는 것입니다.

우리의 드림에는 이 요소가 매우 부족했습니다. 습성, 모범, 인간적인 논쟁, 동기, 의무를 생각함, 또한 우리가 우리 주변의 부족함을 느끼는 것은 성령님의 능력과 사랑보다 우리의 동정에 더 관련이 있었습니다.

그렇다고 해서 내가 언급한 것들이 쓸데없다는 것이 아닙니다.

성령님은 우리 본성의 모든 요소를 사용하셔서 우리가 물질을 드리도록 하십니다.

드림에 관하여 설득하는 원리들과 고정된 습관들은 매우 필요합니다.

그러나 우리는 이 모든 것이 인간적 측면이라는 것을 알아야 합니다. 그리고 만약 우리가 이런 표준과 정신으로 하나님께 향기로운 제물을 드리고 우리의 영혼이 복을 받고자 한다면, 우리는 만족할 수 없습니다.

참된 드림의 비밀은 성령님을 기쁘시게 하는 것입니다.

교회는 하나님의 일을 위해 더 많은 돈이 필요하다고 하는 끔찍한 상태를 불평하는 것이 일반입니다.

이는 마치 하나님의 백성들이 그들 자신을 위해 쓰는 돈과 하나님께 드리는 돈이 끔찍하게 불균형을 이루는 것과 같습니다.

가난한 사람들과 길을 잃은 사람들을 위해 일하는 하나님의 많은 종들의 탄원적인 부르짖음은 자주 우리의 마음을 찢습니다.

이것은 성령님의 능력이 신자들 사이에서 제대로 알려지지 않았다는 증거라는 엄숙한 교훈을 마음으로 받아들입시다.

우리는 우리의 온 생애가 성령님을 기쁘시게 하는 삶을 살고, 성령님의 다스리심에 완전히 드려진 삶을 살고, 우리의 모든 드림이 예수 그리스도로 말미암아 신령한 제사가 되도록 가장 뜨겁게 기도해야 합니다.

돈에 관한 오순절 날의 두 번째 교훈은 사도행전 3장 6절에서 발견됩니다.

> "베드로가 이르되 은과 금은 내게 없거니와 내게 있는 이것을 네게 주노니 나사렛 예수 그리스도의 이름으로 일어나 걸으라 하고."

2. 성령님은 돈을 분배하십니다

우리가 받은 첫째 교훈은 오순절 교회가 사역을 위하여 돈이 필요하다는 것과 오순절의 영은 돈을 예비하신다는 것과 돈은 성령님의 강력한 역사의 확실한 증거였다는 것과 돈이 성령님의 더 완전한 행전을 위한 길을 여는 복된 수단이었다는 것입니다.

그러나 여기에는 위험이 도사리고 있습니다.

사람들은 돈을 매우 필요한 것이라고, 돈이 많이 들어오는 것은 성령님이 임재하시는 증거라고, 돈은 권능과 복이라고 생각하기 시작했습니다.

우리가 받은 둘째 교훈은 이 망상들을 일축해버리고, 성령님의 능력이 돈이 없는 곳에서 어떻게 보일 수 있는지를 가르쳐줍니다.

성령님은 하나님의 강력한 능력이시며, 겸손히 자기 성도들의 돈을 사용하고 계시며, 자신이 어떻게 돈을 의지하지 않는지를 다시금 증명하고 계십니다.

교회는 이 이중진리로 인도받기 위해서 성령님께 자신을 내어드려야 합니다.

그리고 성령님은 교회의 모든 돈의 권리를 주장하시며, 성령님의 가장 강력한 역사들은 돈 없이 행해질 수 있습니다.

교회는 돈이 마치 자기 힘의 비밀인 것처럼 돈을 구걸해서는 안 됩니다.

이 두 사도 베드로와 요한을 보십시오.

그들은 세속의 동전을 하나도 가지고 있지 않았습니다.

하지만 그들은 무소유에도 불구하고 천국의 복을 나눠줄 정도로 강력했습니다.

> "근심하는 자 같으나 항상 기뻐하고 가난한 자 같으나 많은 사람을 부요하게 하고 아무 것도 없는 자 같으나 모든 것을 가진 자로다"(고후 6:10).

그들은 이것을 어디에서 배웠을까요?

베드로는 **"은과 금은 내게 없거니와 내게 있는 이것을 네게 주노니 나사렛 예수 그리스도의 이름으로 일어나 걸으라"**(행 3:6) 하고 말했습니다.

이것은 그리스도가 그들에게 요구한 빈곤을 우리가 다시 주의하도록 하고, 그리스도가 그들에게 주신 경이로운 모범을 보여줍니다.

그리스도는 거룩한 빈곤을 통하여 사람들이 성부 하나님을 완전히 신뢰하는 것이 무엇인지를 증명하시며, 자신이 소유한 천국의 부요가 세속의 재물을 어떻게 의지하지 않도록 해주는지를 보여주시며, 세속의 빈곤이 영원한 보물창고들을 보관하고 나눠주는데 어떻게 더 알맞은지를 보여주십니다.

예수님의 핵심 제자들은 예수님의 가난의 전철을 밟는 중에 예수님의 능력을 발견했습니다.

사도 바울은 성령님에게서 똑같은 가르침을 받았습니다.

그는 세속의 합법적인 것들에서조차 완전히 벗어나기 위해서 보이지 않는 천국 부요의 절대적인 실체와 충분함을 볼 수 있도록 말하는 듯합니다.

우리는 성령님이 교회에서 능력 가운데 역사하시기 시작하면, 하나님 백성의 소유물을 통해 강력한 역사가 일어나는 것이 다시 보이게 된다는 것을 확신할 수 있습니다.

어떤 사람들은 자신들이 받을 천국 상급의 무한한 가치를 위해 살아있는 믿음과 성령님이 그들의 헌금을 통해 그들에게 주시는 강한 기쁨으로 자신들을 다시 가난하게 만들 것입니다.

몇몇 가난하고 궁핍한 사람들은 하나님을 위해 일하는 동안에 "은과 금은 내게 없거니와 내게 있는 이것을 네게 주노니 나사렛 예수 그리스도의 이름으로 일어나 걸으라."(행 3:6) 하는 말씀이 주는 기쁜 의식을 더 충만하게 배우게 될 것입니다.

또한, 모든 것을 드리라는 부르심을 받지 않은 몇몇 사람은 매우 관대하게 드릴 것입니다.

이는 그들이 모든 것을 드리는 특권을 보고 자신들이 할 수 있는 분량까지 드리기 원하기 때문입니다.

그리고 우리의 교회는 자발적이고 풍성하게 드릴 것이며, 한순간도 돈을 신뢰하지 않을 것이며, 가난하게 사신 예수 그리스도를 따르는 자들이 되어 은혜와 능력을 가진 사람들을 가장 존중할 것입니다.

3. 성령님은 돈을 시험하십니다

드려진 돈(성령님이 강력하게 역사하실 때 드려지는 돈일지라도)이 전부 성령님의 영감을 받아 드려지는 것은 아닙니다.

그러나 돈은 전부 성령님의 거룩한 지휘 아래 드려지는 것이며, 성령님은 때때로 각 사람이 성령님께 정직하게 드리도록 하시고, 그들에게 부족한 것과 잘못된 것이 무엇인지를 드러내실 것입니다.

다음의 구절들을 주의 깊게 읽어보십시오.

> "구브로에서 난 레위족 사람이 있으니 이름은 요셉이라. 사도들이 일컬어 바나바라(번역하면 위로의 아들이라) 하니 그가 밭이 있으매 팔아 그 값을 가지고 사도들의 발 앞에 두니라"(행 4:36-37).

> "아나니아라 하는 사람이 그의 아내 삽비라와 더불어 소유를 팔아 그 값에서 얼마를 감추매 그 아내도 알더라. 얼마만 가져다가 사도들의 발 앞에 두니"(행 5:1-2).

아나니아는 헌금을 가지고 왔으며, 자기 아내와 함께 죽었습니다. 무엇이 아나니아의 헌금을 죄가 되게 했습니까?

그는 거짓된 헌금을 드렸습니다.

그는 땅 판 값의 일부를 숨겼습니다.

그는 땅값의 전부를 드렸다고 말했지만, 실제는 그렇게 하지 않았습니다.

하지만 그는 자신이 전부를 드렸다는 칭찬을 받고자 했습니다.

성령님은 오순절 날에 탄생한 교회가 재물을 드리도록 성도들을 감동하셨습니다.

아나니아의 죄는 성령님에 대한 것이었습니다.

그래서 사도행전에는 **"이 일을 듣는 사람이 다 크게 두려워하더라."**(행 5:5)와 **"온 교회와 이 일을 듣는 사람들이 다 크게 두려워하니라."**(행 5:11) 하는 말씀을 반복한 것은 이상한 일이 아닙니다.

만약 우리가 헌금을 하면서도 이처럼 쉽게 죄를 저지를 수 있고, 성령님이 우리가 드리는 모든 헌금을 보시고 심판하신다면, 우리는 조심하고 두려워해야 합니다.

아나니아가 지은 죄는 무엇입니까?

아나니아는 자신이 자백한 액수를 전부 드리지 않았습니다.

이 죄는 그 크기보다는 그 정신과 그 교활한 행위를 보았을 때 우리의 생각보다 훨씬 더 많이 있습니다.

자신들이 하나님께 전부를 드렸다고 말하면서, 실제로는 자신들의 돈을 사용하는 것에 있어서 거짓되다는 것이 증명된 사람들이 많습니다.

자신들의 돈이 전부 주님의 것이라고 말하고, 자신들이 주님의 청지기로써 주님의 지시에 따라 돈을 지키고 사용한다고 말하지만, 자신들을 위해서 쓰는 돈보다 하나님의 사역을 위해 쓰는 돈이 적거나 자신들의 미래를 위하여 돈을 축적하는 사람들은 돈을 맡은 청지기가 아니라 돈의 소유자들입니다.

신자는 우리 주님을 십자가에 못 박은 가룟 유다나 가야바나 빌라도의 죄와 같은 죄를 정확히 지은 것은 아닐지라도, 자신의 행위로 그들의 일에 참여할 수 있습니다.

우리는 아나니아의 행위를 따라서 하나님께 드리기로 한 것을 드리지 않으므로 성령님을 근심하게 할 수 있습니다.

우리가 얼마나 소유하고 있는지와 우리가 얼마나 드려야 하는지에 대한 우리의 모든 의견과 주장을 완전히 포기하고 성령님의 평가를 받아야 하는 것입니다.

우리의 헌금이 성령님이 기뻐하시는 것이 되기 위해서는 빛 안에서 드려져야 합니다.

그렇다면 아나니아를 이 죄에 빠지게 한 것은 무엇입니까?

아마도 그는 밭을 팔아 그 값을 헌금한 바나바를 따라서 했을 것이며, 다른 사람이 자신보다 더 많이 드리는 것을 원하지 않았을지도 모릅니다.

다른 사람들이 우리에게서 매우 많은 것을 요구하고 있다는 것은 슬픈 일이 아닐 수 없습니다.

우리는 하나님의 판단보다는 사람의 판단을 더 많이 신경씁니다.

그리고 우리는 우리가 마음으로 드리는 헌금만이 하나님께 인정받는다는 것을 잊어버립니다.

전심으로 드리는 사람이 하나님을 만나게 됩니다.

많은 교인이 사람들의 눈을 의식하여 헌금을 드리는 세속의 정신을 품고 있으며, 하나님이 마음을 살피시고 있다는 것을 망각하고 있습니다.

우리가 우리 삶을 하나님께 전적으로 구별하여 드릴 수 있도록 성령님이 우리를 가르치시기를 바랍니다.

우리가 우리 삶을 전적으로 구별하여 드리기 위해서는 오직 성령 충만을 받아야 합니다.

4. 성령님은 돈을 거부하시기도 합니다

"시몬이 사도들의 안수로 성령 받는 것을 보고 돈을 드려 이르되 이 권능을 내게도 주어 누구든지 내가 안수하는 사람은 성령을 받게 하여 주소서 하니 베드로가 이르되 네가 하나님의 선물을 돈 주고 살줄로 생각하였으니 네 은과 네가 함께 망할지어다"(행 8:18-20).

하나님의 교회에서 능력이나 은사나 직분을 돈으로 사려는 것은 파멸을 불러옵니다.

마술을 행하던 시몬은 빌립의 전도를 듣고 세례를 받았지만 단지 그리스도 나라의 영적이고 탈세속적인 성격을 알지 못해서 그랬습니다.

시몬은 자신이 만났던 믿음의 사람들을 거의 이해하지 못했습니다. 그들은 돈이 필요했으며, 자신들과 다른 사람들을 위해서 돈을 잘 사용할 수 있었습니다. 그러나 성령님은 그들에게 세상의 능력들과 보물들로 채우시고 충만하게 하셨습니다.

그러므로 그들에게 돈은 더 필요하지 않았습니다.

돈이 하나님의 교회 안에서 뭔가를 행사하는 것을 허용하

지 말고, 오히려 돈이 망하도록 하십시오. (행 8:20 참조)

가난한 사람이 차지하지 못하는 자리나 능력을 부자가 차지하도록 한다는 생각을 한순간이라도 품지 말고, 오히려 돈이 망하도록 하십시오.

그러나 부자들은 은혜나 경건과는 상관없이 너무 자주 존경을 받았고 영향력을 행사했습니다.

이것은 실로 성령님을 근심하게 했으며, 교회에 상처를 주었습니다.

여기서의 개인적인 적용은 매우 중요합니다.

우리의 본성은 이 세상의 영의 손아귀에 들어와 있습니다.

우리의 세속적인 마음은 생각과 느낌의 성향과 및 습관과 더불어 그 영향력이 매우 미묘하여 돈의 강력한 마력으로부터 우리를 구원할 것은 우리 안에 계신 성령님의 임재와 역사를 전적으로 즐거워하는 것 외에는 없습니다.

오직 성령님만 우리의 모든 세속적인 사고방식을 완전히 죽게 하실 수 있습니다.

그리고 성령님은 하나님의 생명의 임재와 능력과 더불어 우리를 충만하게 하실 때에 비로소 그것들을 죽일 수 있습니다.

하나님이 교회에 주시는 성령의 선물이 교회의 힘과 부요가 되는 것처럼, 우리가 성령님의 초월적인 영광과 충분하심을 믿는 믿음을 소유할 수 있도록 기도합시다.

돈이 그리스도의 발과 우리의 발 앞에 놓이도록 기도합시다.

돈은 오직 그리스도의 거룩한 사역을 위하여 쓰일 때에 가치가 있다는 것을 깨달을 수 있도록 기도합시다.

"복되신 주 예수님이시여, 저희가 바나바처럼 저희 돈을 주님 앞에 드리고 주님의 뜻에 맡길 수 있도록 우리를 가르치시고 실천하도록 하십시오.

저희가 성령님의 능력을 신뢰하는 것을 증명해주는 가난을 베드로처럼 즐거워할 수 있도록 가르치시고 실천하도록 하십시오.

저희가 헌금을 통해 저희의 삶을 주님께 완전히 드리는 삶을 살고 아나니아처럼 속이는 자가 되지 않도록 가르치시고 실천하도록 하십시오.

저희가 시몬처럼 하나님의 은사들이나 능력을 돈으로 살 수 있다는 식으로 생각하지 않도록 저희를 가르치시고 실천하도록 하십시오.

가장 복되신 성령님이시여, 저희를 성령님으로 충만하게 하십시오.

성령님 오셔서 교회에 임재하시고 충만하게 하십시오.
저희의 돈은 오직 성령님의 것입니다."

Chapter 3

하나님의 은혜와 돈

“환난의 많은 시련 가운데서 그들의 넘치는 기쁨과 극심한 가난이 그들의 풍성한 연보를 넘치도록 하게 하였느니라”(고후 8:2).

우리는 고린도후서 8장과 그 다음에 오는 9장에서 그리스도인의 헌금에 관한 바울의 가르침을 얻게 됩니다.

고린도 교회의 이방인 성도들이 유대인 형제들을 위해 헌금을 하는 것과 관련하여, 그는 우리가 지상에서 드리는 헌금이 하늘의 가치를 열어 보이고, 우리가 하나님을 섬기기 위해 돈을 드릴 때 우리를 활기차게 할 원칙들을 펼쳐 보입니다.

그는 특히 마게도냐 교회의 모범과 그들의 관대함을 인용하면서 이렇게 합니다.

그리고 그는 그들을 하나님의 은혜로 헌금을 모으는 일을 가장 깊은 기쁨과 그리스도와 같은 진정한 모습을 드러내며 풍성한 감사와 하나님께 영광을 돌리는 기회로 만들 수 있는 증인들로 삼습니다.

이제 주요한 교훈들을 모아보겠습니다.

그것들은 우리의 돈이 점점 더 우리 안에서 천상적인 삶이 진보하는 수단이자 증거가 될 수 있는 길을 찾는데 도움이 될 수 있습니다.

1. 하나님의 은혜는 항상 우리에게 베풀라고 가르칩니다

"형제들아 하나님께서 마게도냐 교회들에게 주신 은혜를 우리가 너희에게 알리노니"(고후 8:1).

"은혜"라는 단어는 고린도후서 8장과 9장에서 여덟 번 나타납니다.

한 번은 "우리의 주 예수 그리스도의 은혜"입니다.

이것은 그분이 우리를 위해 가난하게 되신 은혜입니다.

한 번은 "하나님께서 우리에게 풍성하게 하실 수 있는 은혜"로 나타납니다.

나머지 여섯 번은 특별한 은혜를 나타냅니다.

우리는 이 단어의 의미를 알고 있다고 생각합니다.

이것은 하나님의 마음에 있는 우리에 대한 은혜로운 성향뿐만 아니라, 하나님이 우리에게 베푸시고 우리 안에서 역사하시는 그 은혜로운 성향에 대해서도 사용됩니다.

은혜는 그리스도인의 삶의 힘과 능력과 에너지로서 성령으로 우리 안에서 역사합니다.

우리는 은혜 안에서 굳게 서고, 은혜 안에서 자라고, 더 많은 은혜를 구하라는 명령을 알고 있습니다.

우리는 "넘치는 은혜", "지극히 풍성한 은혜"라는 말을 기뻐합니다.

우리는 하나님이 우리 안에서 은혜를 더하시고 풍성하시기를 계속해서 기도합니다.

우리는 그리스도인의 삶의 법칙을 알고 있습니다.

어떤 은혜도 그것을 행동으로 옮기지 않으면 진정으로 알려지거나 증폭할 수 없다는 것입니다.

여기서 우리는 남을 위해 우리의 돈을 사용하는 것이 은혜를 표현하고 강화하는 방법 중 하나라는 것을 배웁니다.

이유는 분명합니다.

하나님 안에 있는 은혜는 그분의 자비로운 마음입니다.

그분의 은혜는 놀랍도록 자유롭습니다.

그것은 공로와 관계없이 항상 주는 것입니다.

하나님은 베푸는 것에서 그분의 생명과 기쁨을 찾으십니다.

은혜가 사람의 마음에 들어오면, 그 본질을 바꾸지 않습니다.

하나님 안에서든 사람 안에서든 은혜는 사랑하고 베푸는 것을 기뻐합니다.

그리고 은혜는 사람에게 은혜를 자기 돈의 주요 가치로 보도록 가르칩니다.

즉, 은혜는 자신을 가난하게 함으로써 남들을 부요하게 하는 선행의 신적 능력입니다.

교훈을 배우겠습니다.

우리 안에 하나님의 은혜가 있으면 그것은 베푸는 것으로 나타날 것입니다.

새로운 은혜를 원한다면, 우리가 가진 것을 베푸는 데 행사해야 합니다.

그리고 우리가 베푸는 모든 것에서 우리는 그것을 우리 안에서 역사하시는 하나님의 은혜를 의식하여 해야 합니다.

2. 하나님의 은혜는 우리가 풍성히 베풀라고 가르칩니다

> "환난의 많은 시련 가운데서 그들의 넘치는 기쁨과 극심한 가난이 그들의 풍성한 연보를 넘치도록 하게 하였느니라"(고후 8:2).

정말로 경이롭지 않습니까?

이것은 은혜가 가진 능력의 증거입니다.

회심한 지 얼마 안 된 마게도냐 이방들은 예루살렘에 있는 형제들(알지도 못하고 멸시받은 사람들)이 어려움에 부닥쳤다는 소식을 듣자마자 그들을 도울 준비가 되어 있었습니다.

그들은 한마음으로 자신들의 힘에 지나도록 베풀었습니다.

그래서 바울은 그들의 헌금을 받아들이기를 거절하려 했지만, 그들은 그 헌금을 받으라고 간절히 부탁하면서 애원하고 설득했습니다.

> "그들의 넘치는 기쁨과 극심한 가난이 그들의 풍성한 연보를 넘치도록 하게 하였느니라."

부자들보다는 가난한 사람들이 더 관대했던 것은 주목할 만한 일입니다.

이것은 마치 그들이 소유한 것을 굳게 지키려고 하지 않은 듯합니다. 모든 재물을 떠나보내는 것은 그들에게 더 쉬웠습니다.

돈을 많이 베풀수록 가난해진다고 하는 속임수는 그들이 베풀려고 하는 마음을 멈추게 하지 못했습니다. 그들은 내일을 위하여 하나님을 신뢰하는 법을 배웠습니다.

그들의 관대함은 사람들이 생각하는 만큼은 아니었습니다. 그들의 헌금은 적은 돈이었습니다.

사람들은 그들이 가진 소유를 다 드리는 것은 그다지 어려운 일이 아니라고 말합니다.

그들은 적게 소유하는 것에 익숙했습니다. 하지만 그들이 더 쉽게 헌금했다는 것은 하나님이 그 예물을 귀하게 여기시도록 했습니다.

이것은 재물을 축적하고 움켜쥐는 법을 배우지 않은 천진한 성향을 보여줍니다.

지상에 있는 그분의 은혜의 나라에서의 방식은 아래에서 위로 올라가는 것입니다.

많은 지혜자와 부자는 부르심을 받지 못했습니다.

하나님은 약하고 낮은 자들을 택하셨습니다.

또한, 하나님은 이 세상의 가난한 사람들을 택하셔서 그들이 가난한 가운데서 드리므로 부자들에게 관대하게 베푸는 법을 가르치십니다.

"내가 증언하노니 그들이 힘대로 할 뿐 아니라 힘에 지나도록 자원하여 이 은혜와 성도 섬기는 일에 참여함에 대하여 우리에게 간절히 구하니 우리가 바라던 것뿐 아니라 그들이 먼저 자신을 주께 드리고 또 하나님의 뜻을 따라 우리에게 주었도다"(고후 8:3-5).

만약 이런 정신이 우리 교회에 퍼져서, 중산층 사람들과 상류층 사람들이 베푸는 기준에서 가난한 사람들과 연합한다면, 그리고 마게도냐의 사례가 그리스도교의 관대함의 법칙이 된다면, 천국을 위해 섬기기 위한 재물이 흘러들지 않겠습니까?

3. 하나님의 은혜는 기쁨으로 베풀도록 가르칩니다

"환난의 많은 시련 가운데서 그들의 넘치는 기쁨과 극심한 가난이 그들의 풍성한 연보를 넘치도록 하게 하였느니라"(고후 8:2).

그리스도인의 삶에서 기쁨은 건강과 온전한 마음의 지표입니다.

그것은 시대와 계절을 위한 경험이 아니라, 구세주의 사랑의 임재와 즐거움의 지속적인 증거입니다.

그것은 우리의 영적인 활동만큼이나 우리의 일상적인 의무와 시련의 때에 퍼져 있도록 되어 있습니다.

그것은 아무도 빼앗지 못하는 기쁨입니다.

그래서 그것은 우리의 드리는 것을 고무하여, 우리의 돈을 드리는 것을 기쁨과 감사의 희생으로 만듭니다.

그리고 우리가 기쁘게 드릴 때, 그것은 우리에게 새로운 기쁨의 분수가 되어 "받는 것보다 주는 것이 더 복되다"라고 말씀하신 분의 기쁨에 참여하게 됩니다.

사람들을 끊임없는 기쁨으로 가도록 하는 이 길은 매우 확실합니다.

하나님이 베푸시기 위해 살아 계시는 것처럼 우리가 기쁘게 사는 방법은 항상 베푸는 것임을 믿기를 바랍니다.

성경은 이스라엘이 성전 건축을 위해 예물을 가져온 날에 대해 "백성들은 자원하여 드렸으므로 기뻐하였으니 곧 그들이 성심으로 여호와께 자원하여 드렸으므로 다윗 왕도 심히 기뻐하니라." 하고 말씀합니다.

이것이 바로 베풂의 복입니다.

이것은 우리가 날마다 평생 가지고 다닐 수 있는 기쁨입니다. 우리는 우리의 돈을 끊임없이 나누고, 우리의 삶이나 섬김을 주변에 베풀어야 합니다.

하나님은 모든 피조물의 깊은 곳에 행복의 본능을 심으셨습니다. 그 본능은 행복을 가져다주는 것에 끌릴 수밖에 없습니다. 우리의 마음을 베푸는 기쁨의 빈음으로 채웁시다.

그 기쁨은 우리의 소명을 우리에게 가장 소중한 특권으로 만들어 줄 것입니다.

그들의 기쁨의 풍부함은 그들의 관대한 마음보다 더 넘쳤다는 것은 우리에게 진실이 될 것입니다.

4. 하나님의 은혜는 우리의 헌금을 우리가 주님께 자신을 드리는 것의 일부로 만듭니다

바울은 그들의 헌금에 대해 말합니다.

그들은 헌금을 드릴 뿐만 아니라, 먼저 자신을 주께 드렸습니다(고후 8:5 참조).

이 문장에서 우리는 구원에 필요한 것과 완전한 구원이 무엇으로 이루어지는지에 대한 아름다운 표현 중 하나를 볼 수 있습니다.

우리가 자신을 주님께 바친다는 것은 우리 주님이 우리에게 요구하시는 모든 것을 포함합니다.

나머지는 모두 그분이 해주실 것입니다. 이 표현은 성경의 다른 곳에서는 찾을 수 없습니다.

이 구절은 우리가 먼저 자신을 드리지 않는 한 우리의 헌금은 아무런 가치가 없을 것이라고 말씀합니다.

우리의 모든 헌금은 단지 자기 항복의 첫 번째 위대한 행위를 갱신하고 수행하는 것일 뿐입니다.

각각의 새로운 헌금은 완전한 헌신의 복을 갱신하는 것이 될 수 있습니다.

이 생각만이 우리의 헌금을 그리스도인의 의무를 평범한 수준에서 벗어나게 하고, 그것을 우리 안에서 하나님의 은혜가 나타나고 강화되도록 할 수 있습니다.

우리는 율법 아래 있지 않고 은혜 아래 있습니다.

그러나 우리의 헌금은 많은 부분이 교회에 드리거나 특별한 경우에 드리는 것으로 이루어지며, 우리 주님과 직접적인 관계없이 이루어집니다.

진정으로 헌신된 삶은 그분의 사랑 안에 순간순간 살아가는 삶입니다.

우리의 헌신된 삶은 우리를 어려워 보이는 것을 능히 하도록 할 것입니다.

우리는 항상 올바른 정신과 예배의 행위로 헌금해야 합니다.

이것은 우리의 기쁨의 풍부함이 우리의 관대함보다 더 넘치게 할 것입니다.

5. 하나님의 은혜는 우리의 헌금을 그리스도와 같은 삶의 일부로 만듭니다

> "우리 주 예수 그리스도의 은혜를 너희가 알거니와 부요하신 이로서 너희를 위하여 가난하게 되심은 그의 가난함으로 말미암아 너희를 부요하게 하려 하심이라"(고후 8:9).

가장 강한 참나무의 모든 가지와 잎과 꽃은 줄기를 지탱하는 강한 뿌리에서 생명을 얻습니다.

가장 작은 꽃봉오리의 생명은 가장 강한 가지의 생명과 같습니다.

우리는 살아 있는 포도나무이신 그리스도 안의 가지입니다. 그분 안에서 역사했던 바로 그 생명입니다.

우리가 그분의 생명이 무엇인지 잘 알아야 그것에 지적으로 자발적으로 굴복할 수 있습니다.

그분은 부요하신 분이었지만, 가난하게 되셨습니다.

이는 그분의 가난함으로 말미암아 우리를 부요하게 하시려는 것입니다.

그래서 과부의 두 렙돈이 그분을 매우 기쁘게 했던 것입니다.

그녀의 헌금은 그분이 우리를 부요하게 하시려고 가난하게 되셨던 것과 같습니다.

그녀는 자신이 가진 모든 것을 넣었습니다. 이것은 우리 안에서 역사하고자 하는 생명과 은혜입니다.

그리스도의 생명을 주조(鑄造)할 수 있는 다른 틀은 없습니다.

> "우리 주 예수 그리스도의 은혜를 너희가 알거니와 부요하신 이로서 너희를 위하여 가난하게 되심은 그의 가난함으로 말미암아 너희를 부요하게 하려 하심이라."

마게도냐 그리스도인들은 극심한 빈곤 속에서도 넘치는 관대함으로 자신들의 힘에 지나는 일을 하고 있었으며, 단지 예수님의 영과 은혜가 그들 안에서 행하는 바를 실천하고 있었을 뿐입니다.

우리는 단순히 이 가난한 사람들의 헌금이 그렇게 높고 거룩하며 마음을 감찰하는 가르침의 본문이 될 것이라고 크게 기대하지 않았습니다.

우리는 성령님이 우리의 지갑과 재물을 주관하셔서 우리의 베풂의 은혜가 우리 주님의 베풂의 은혜를 반영하는 것이 되도록 기도해야 합니다.

그리고 우리는 우리의 베풂을 십자가로 가져와야 하며, 우리의 힘으로 세상과 재물에 대한 그리스도의 죽음을 추구해야 합니다.

그렇게 하면 우리는 우리의 가난을 통해 다른 사람들을 부요하게 할 것이며, 우리의 삶은 바울의 삶과 다소 비슷하게 될 것입니다.

그는 가난했지만, 많은 사람을 부요하게 했습니다.

6. 하나님의 은혜는 우리 안에서 베풀려는 마음뿐만 아니라 실제로 베푸는 행동을 하도록 역사합니다

"너희가 일 년 전에 행하기를 먼저 시작할 뿐 아니라 원하기도 하였은즉 이제는 하던 일을 성취할지니 마음에 원하던 것과 같이 완성하되 있는 대로 하라"(고후 8:10b-11).

우리는 그리스도인의 삶에서 의지와 행함 사이에 종종 얼마나 큰 틈이 있는지 모두 알고 있습니다.

이것은 베푸는 문제에서도 마찬가지입니다.

얼마나 많은 사람이 더 잘 살고 더 줄 수 있는 때를 갈망하고 있습니까?

많은 사람이 수단을 가지고 관대하게 무언가를 할 의도가 있지만, 주저합니다.

그들은 살아 있는 동안 많은 돈을 기부하려 하고 유언장을 기록하지만, 그것은 결코 성취되지 않습니다.

많은 사람이 자신이 원하는 것 때문에 자신을 진정으로 관대하다고 생각합니다.

심지어 현재 수단에 이르기까지 그들이 하는 일은 하나님이 보고 싶어 하시는 것이 아닙니다.

"이제는 하던 일을 성취할지니 마음에 원하던 것과 같이 완성하되 있는 대로 하라"는 메시지는 모두에게 전달됩니다.

우리 안에서 마음에 원하고 행하도록 역사하시는 분은 하나님이십니다.

불신이나 불순종으로 그분을 방해하고, 행함으로 나아가지 않고, 마음에 원하기만 하는 것은 어떤 영역에서든 경계합시다.

그리스도인의 삶은 실행이 필요합니다. 경건은 실행을 통해 성장합니다.

만약 우리가 우리의 베풂이 이 성경 모델에 미치지 못했거나, 관대하지 않고 기쁘지 않거나, 우리 주님께 우리 자신을 온전히 헌신하는 정신이나 그분이 우리를 위해 가난해지신 정신과 완전히 일치하지 않는 것을 발견한다면, 즉시 하려고 준비하는 것 외에 실행도 완성해야 합니다.

7. 하나님의 은혜는 사람이 가진 것에 따라 헌금을 받아들여지도록 합니다

> "할 마음만 있으면 있는 대로 받으실 터이요 없는 것은 받지 아니하시리라"(고후 8:12).

마음을 보시는 하나님은 각 사람의 헌금을 드릴 수 있는 능력에 따라 그를 판단하십니다.

그리고 그분의 복된 성령님은 의로운 사람에게 지상의 헌금이 하늘에서 승인되고 받아들여졌다는 복된 의식을 주십니다.

하나님은 성경에서 모든 가능한 방법으로 우리에게 이것을 가르치기 위해 신중하셨습니다.

헌금의 가치에 대한 세상의 모든 판단은 하늘에서 바뀝니다.

자신이 가진 만큼 후하게 베푸는 사랑은 하늘 아버지의 사랑으로 보답을 받습니다.

우리는 우리의 베풂이 받아들여질 것이라는 확신을 붙잡고, 평범하고 작은 것들 속에서도 우리의 베풂을 거룩하게 만들려고 노력해야 합니다.

우리 자신을 만족시키는 것만을 추구하는 베풂은 거부하

고, 하나님이 우리에게 주신 베풂의 소명을 기뻐하며, 성령님의 인도하심에 따라 얼마나 어떻게 베풀어야 할지 배우도록 합시다.

그러면 베풂을 통해 가장 깊은 기쁨을 경험하게 될 것이며, 이는 아버지께서 기뻐하신다는 영적인 확신을 얻는 증거가 될 것입니다.

8. 하나님의 은혜는 베풂을 통해 모든 성도의 참된 연합과 균등을 이룹니다.

> "이는 다른 사람들은 평안하게 하고 너희는 곤고하게 하려는 것이 아니요 균등하게 하려 함이니 이제 너희의 넉넉한 것으로 그들의 부족한 것을 보충함은 후에 그들의 넉넉한 것으로 너희의 부족한 것을 보충하여 균등하게 하려 함이라. 기록된 것 같이 많이 거둔 자도 남지 아니하였고 적게 거둔 자도 모자라지 아니하였느니라"(고후 8:13-15).

이 말씀은 헌금 호소에 대한 또 하나의 하늘빛입니다.

돈은 예루살렘의 그리스도인들과 고린도의 그리스도인들을 하나로 묶는 연합의 매듭이 될 것입니다.

그들은 이스라엘이 한 민족이었던 것처럼 하나입니다.

만나를 모을 때 약한 자와 강한 자가 한곳에 모아 모든 사람이 똑같이 나누어야 했던 것처럼, 그리스도의 몸도 이와 마찬가지입니다.

하나님은 부요와 가난을 허락하시고 사람들에게 선물을 불균등하게 주셔서 우리의 사랑이 균등을 회복할 수 있도록 큰 특권을 주셨습니다.

어떤 사람들의 가난은 우리를 다른 사람들에게 베푸는 사랑과 도움과 복을 베풀도록 합니다.

그리고 한때 도움이 필요했던 사람들은 자신들을 도왔던 사람들을 다른 때나 다른 영역에서 도울 수 있습니다.

모든 것이 사랑이 역사할 수 있도록, 그리고 그리스도의 정신을 배양하고 증명할 기회가 있도록 계획되었습니다.

그리스도인들은 하나님의 계획을 실천하여 세상의 필요를 채우고, 모든 사람에게 균등을 가져다주며, 자기의 특권에 만족하는 이기적인 정신을 십자가로 몰아내야 합니다.

모든 성도는 자선과 선교 분야에서 자기의 능력에 따라 최선을 다해야 하며, 그 이상도 해야 합니다.

하나님이 주신 것을 우리가 이방인들과 공유하여 균등하게 될 때 얼마나 큰 호소력이 있는지 알 수 있습니다.

우리가 그리스도 안에서 풍성하게 가지고 있는 것을 멸망하는 사람들에게 베푸는 힘 중 하나로 사용합시다.

돈은 상상 이상으로 새롭고 영원한 가치가 있습니다.

고린도후서 9장에 있는 더 많은 교훈을 장황하게 설명할 지면이 부족이니, 그냥 구절들을 나열하겠습니다.

> "이것이 곧 적게 심는 자는 적게 거두고 많이 심는 자는 많이 거둔다 하는 말이로다"(고후 9:6).

“각각 그 마음에 정한 대로 할 것이요 인색함으로나 억지로 하지 말지니 하나님은 즐겨 내는 자를 사랑하시느니라”(고후 9:7).

“하나님이 능히 모든 은혜를 너희에게 넘치게 하시나니 이는 너희로 모든 일에 항상 모든 것이 넉넉하여 모든 착한 일을 넘치게 하게 하려 하심이라”(고후 9:8).

“너희가 모든 일에 넉넉하여 너그럽게 연보를 함은 그들이 우리로 말미암아 하나님께 감사하게 하는 것이라. 이 봉사의 직무가 성도들의 부족한 것을 보충할 뿐 아니라 사람들이 하나님께 드리는 많은 감사로 말미암아 넘쳤느니라. 이 직무로 증거를 삼아 너희가 그리스도의 복음을 진실히 믿고 복종하는 것과 그들과 모든 사람을 섬기는 너희의 후한 연보로 말미암아 하나님께 영광을 돌리고”(9:11-13).

“말할 수 없는 그의 은사로 말미암아 하나님께 감사하노라”(9:15).

이것은 마게도냐와 고린도의 개종자들의 헌금에 의해 열린 거룩한 생각과 천국의 빛이 비치는 세계가 아니고 뭐겠습니까?

우리는 그 생각과 빛의 힘 아래에서 우리의 모든 헌금을 검토하고 이 장들에서 하나님의 신성한 모범과 완전히 일치하도록 만들 수 있지 않겠습니까?

우리는 즉시 시작하고, 우리를 위해 가난해진 그분께 이기심과 자기만족이 지금까지 주장하고 보유해온 모든 것을 양보해야 하지 않겠습니까?

그리고 우리 주님을 위해 돈을 쓰고, 동료들을 축복하고, 은혜의 도구로 사용하여 그것을 영원히 지속되는 보물로 바꾸기 위해 성령님을 통해 우리에게 보여 달라고 간청해야 하지 않겠습니까?

Chapter 4
그리스도의 가난

"우리 주 예수 그리스도의 은혜를 너희가 알거니와 부요하신 이로서 너희를 위하여 가난하게 되심은 그의 가난함으로 말미암아 너희를 부요하게 하려 하심이라"(고후 8:9).

"그리스도의 가난"이라는 말은 무엇을 의미하는 것일까요?

그리스도가 하늘과 땅의 부요를 우리의 것이 되게 하시기 위해서 하늘과 땅의 소유를 전부 포기하셨다는 것일까요?

그리스도가 우리를 위해서 얻으신 하늘의 부요를 우리가 위로와 안식 안에서 누릴 수 있게 하려고 그분이 우리가 행해야 할 세속적 가난의 길을 대신 행하셨다는 것일까요?

아니면 "그의 가난함으로 말미암아"라는 말씀에는 더 깊은 의미가 있다는 것과 및 그분의 가난이 그분의 부요 속으로 온전히 들어갈 모든 사람을 위한 길이라는 것일까요?

그리스도의 가난은 그리스도가 우리에게 하늘의 보화를 얻는 길을 열어주셔서 자신이 행하신 길을 따라가게 하시려고 세상에 대해 죽으시기 위해 영과 육의 가난이 필요했다는 것일까요?

우리가 오직 우리 안에 있는 그리스도의 가난으로 말미암아 그리스도를 따라갈 수 있다는 것일까요?

그리스도가 우리에게 가져다주신 부요를 우리가 온전히 누리게 하려고 그분의 가난과 더불어 우리가 교제해야 한다는 것일까요?

다시 말해서, 예수님의 가난이 그분 자신을 위한 것이라는 말일까요?

아니면 그분의 제자들이 누려야 하는 것이라는 말일까요?

그리스도의 거룩한 가난이 우리에게 주는 교훈들은 무엇입니까?

그리스도가 우리를 위해서 보증하신 세상의 부요를 교회가 소유하고 누리는 것이 옳은 일일까요?

또는, 그리스도 예수의 가난한 삶의 아름다움과 복됨을 믿지 않은 것은 우리의 영적 가난의 원인 중 하나가 될 수 있을까요?

그리스도의 가난을 믿지 않는 것이 우리 안에 그분의 부요가 없는 것이 원인일까요?

우리는 '그분은 당신을 위해 가난하게 되셨다'라는 것만 생각할 것이 아니라 '그분을 위해 모든 것을 포기했다'라는 생각이 필요한 것은 아닐까요?

이 질문들에 대한 답을 찾기 위해서는 먼저 우리의 복되신 주님께 우리의 시선을 고정하므로 성령님이 주님의 복되신 속성의 영광을 계시해주시도록 해야 합니다.

우리의 마음이 인내와 기도로 우리의 주님께 고정되지 않고서, 그리고 성령님이 우리에게 빛을 비추시기를 앙망하지 않고서는 이 신령한 가난에 관하여 우리의 생각을 갖게 될 것이 분명합니다.

또한, 우리는 이 신령한 가난의 영광을 진정으로 볼 수 없게 되거나 우리의 삶에 그 능력과 복이 들어오는 것을 볼 수가 없습니다.

우리가 이 진리를 이해할 수 있도록 하나님이 우리에게 지혜를 주시기를 바랍니다.

그리스도는 왜 가난하게 되셨습니까?

우리는 먼저 그리스도가 이 땅에서 가난하게 되신 이유를 알아야 합니다.

그분은 이 땅에서 재물을 소유하시면서 그 재물을 지혜롭고 관대하게 나눠주시는 삶을 사실 수도 있었습니다.

그분은 거처와 음식을 공급받지 않을 정도로 충분하게 절제하는 능력을 누릴 수도 있었습니다.

여하튼 그분은 모든 시대의 성도들에게 이 세상의 것들을 올바르게 사용하는 것에 관한 고귀하고 필수적인 교훈들을 주셨습니다.

그분의 삶은 **"무엇을 사(매매)는 사람은 그것을 소유하지 않은 것처럼 하고"**(고전 7:30 현대인의성경)라는 말씀에 지대한 영향을 끼쳤습니다.

그분의 삶은 완전히 가난해야 할 영적인 필요가 있었습니다.

우리가 이에 대한 설명을 얻기 위해서는 두 부류의 이유를 찾아야 합니다.

첫째는 우리와 및 주님의 사역에 관한 것들입니다.

둘째는 하나님이 고난을 통해 주님을 온전하게 하시므로 주님의 인간으로서의 삶과 주님에게 부여된 아버지의 일과 매우 긴밀하게 연관되어 있습니다.

그분의 일에 관련된 이유 중에서 주요한 것들은 쉽게 언급됩니다.

그리스도의 가난은 그분의 전적이고 심오한 낮아짐의 일부입니다.

즉 그분의 낮아짐은 인간이 당해야 하는 불행의 가장 낮은 곳에 기꺼이 내려가고자 하신 마음과 죄의 모든 결과에 전적으로 참여하고자 하신 온전한 겸손에 대한 증거입니다.

어느 시대든지 부자들에게는 사람들이 찾아와서 존경하지만, 가난한 사람들은 멸시받습니다.

이와 같이, 그리스도는 사람들에게 멸시받고 거절당하시기 위해 오셨습니다.

*** 그리스도께서 가난하게 되신 것은 그분이 우리를 사랑하신 것의 증거 중 하나로 간주됩니다.**

사랑 곧 온전한 사랑은 주는 것을 기뻐합니다.

*** 그리스도의 가난은 우리를 구원하시기 위하여 아무 대가 없이 자신을 희생하시고 포기하신 사랑의 표현 중 하나입니다.**

*** 그리스도의 가난은 그분이 우리가 이 세상과 및 세속의 것들과 관계하는 것으로부터 오는 시련들을 동정하고 도우시기 위한 것입니다.**

대다수 사람은 가난으로 고통당합니다.

하나님의 성도 중 다수는 가난하고 고통당하는 사람들입니다.

그리스도의 가난은 그분이 많은 사람의 가난과 고통을 느길 수 있게 했습니다.

또한, 세상에서의 결핍은 하늘의 도움을 받고 하늘의 부요로 가는 길에서 하나님의 성실하심을 경험하는 기회가 되었습니다.

*** 그리스도의 가난은 세상을 완전히 이기신 그리스도의 병기와 증거입니다.**

그분은 우리의 구속자로서 자기의 가난으로 자기의 나라가 이 세상에 속한 것이 아님을 증명하셨고, 세상의 위협과 죽음을 두려워하지 않았으므로 세상의 부요나 권력의 도움을 구하려 하는 유혹을 받으실 수 없었습니다.

그러나 이 이유들은 더 표면적이고 공식적입니다.

우리가 가난을 그리스도가 사람의 아들로서 받아야 했던 훈련의 일부로 여기면 그것의 더 깊은 영적 의미가 우리에게 더 밝혀질 것이며, 인간의 참 생명이 어떠해야 하는지가 보일 것입니다.

*** 그리스도의 가난은 그분이 고난을 통하여 순종을 배우시고 하나님으로 말미암아 우리의 대제사장으로서 온전하게 되시도록 한 요소였습니다.**

가난은 인간 본성에 항상 고난이 될 것입니다.

하나님은 우리를 왕들과 모든 것을 소유할 사람들로 만드셨습니다.

모든 것을 소유하는 데는 고난이 따르지 않습니다.

그리스도의 인성은 가현설(성육신하신 예수님의 육체는 환영이나 환상이었다는 이단의 가르침-옮긴이)이 말하는 것처럼 단지 환영(幻影)이 아닙니다.

그리스도 예수만큼 매우 실제적인 사람은 없습니다.

그리스도는 참 사람 중의 참 사람이십니다.

가난은 다른 사람들을 의존하는 것을 의미하며, 경멸과 수치를 의미하며, 결핍과 고난을 가져다주며, 세속의 부요와 생활력이 항상 부족한 것을 의미합니다.

우리의 복되신 주님은 사람으로서 이 모든 것을 느끼셨습니다.

그리고 하나님 아버지가 자기 아들 안에서 자기의 뜻을 행하시려고 가난을 사용하셨으며, 아들은 가난을 통해 아버지께 대한 복종과 절대적인 신뢰를 증명하셨습니다.

*** 그리스도의 가난은 주님의 믿음의 학교였습니다.**

주님은 먼저 가난을 통해 믿음을 배우셨고, 그 후에는 사람들에게 생명이 음식보다 귀하다는 것과 "사람이 떡으로만 살 것이 아니요 하나님의 입으로 나오는 모든 말씀으로 살 것이라." 하고 가르치셨습니다.

그분은 자기의 삶 속에서 하나님과 하늘의 부요가 이 땅의 재물을 하나도 소유하지 않은 사람을 만족하게 하는 것 이상이라는 것, 이생의 삶을 위하여 하나님을 신뢰하는 것은 헛되지 않다는 것, 그리고 사람은 하나님이 그에게 공급해주시도록 하나님을 기쁘시게 할 필요가 있다는 것을 증명하셨습니다.

주님 안에서 우리는 천국을 전파하는 데 따르는 능력을 증거하는데, 전파자 자신이 그 충분한 증거가 됩니다.

*** 그리스도의 가난은 그분이 세상과 완전히 구별되셨다는 것의 특징 중 하나입니다. 즉 그분은 다른 세계에서 오셨다는 것과 다른 영을 받으셨다는 것의 증거입니다.**

죄는 먹음직하고 보기 좋은 열매와 함께 세상에 들어왔듯이, 인간을 지배하는 이 세상의 거대한 힘은 이생의 염려와 재리와 일락 속에 있습니다.

그리스도는 세상을 정복하고 세상의 왕을 쫓아내어 세상을 하나님께 돌려드리려고 오셨습니다.

그분은 세상의 선물과 원조를 받아들이려는 모든 유혹을 거절하시므로 그렇게 하셨습니다. 그리스도의 가난은 그분으로 하여금 세상의 영과 자기만족과 가시적인 것을 신뢰하기를 거부하게 하신 주요 요소 중 하나입니다.

그분은 이 세상의 임금이 그분을 함정에 빠뜨리려는 유혹들을 먼저 이기셨고, 우리를 사로잡고 있던 이 세상 임금의 힘을 꺾으셨습니다.

그러므로 그리스도의 가난은 단순한 우연이나 표면적인 상황이 아니었습니다.

그것은 그분이 거룩하고 온전한 삶의 근본적인 요소였으며, 세상을 이기고 우리를 구원하시는 능력의 비밀이었으며, 하나님의 영광으로 나아가는 길이었습니다.

1. 그리스도의 제자들의 가난

우리는 그리스도를 본받기 위해 그리스도의 가난에 어떻게 동참해야 하는지를 알고 싶어 합니다.

이제 그리스도가 그 제자들에게 가르치신 것을 연구해보도록 하겠습니다.

그분이 제자들에게 "나를 따르라." "내가 너희로 사람을 낚는 어부가 되게 하리라." 하고 말씀하셨을 때, 그분은 자신이 가난하고 거할 곳이 없었던 상황 곧 하나님의 돌보심과 사람들의 호의에 전적으로 자신을 맡기셨던 상황에 그들이 참여하도록 그들을 부르셨습니다.

그분은 모든 것을 등지고 버리고 잃는 것에 관하여 여러 번 강하게 표현하셨습니다.

제자들은 그물과 관행을 버린 것과 베드로가 "보시다시피 저희는 모든 것을 버리고 주님을 따랐습니다."(마 19:27 공동번역)라고 한 말을 통해 주님의 부르심을 이해했다는 것은 분명합니다.

그리스도가 제자들에게 자신을 따르라 하신 부르심은 종종 회개와 구원으로의 부르심처럼 적용됩니다.

그러나 이것은 절대로 그런 의미가 아닙니다.

그 부르심과 연관된 원리들은 보편적인 적용을 할 수 있습니다.

그러나 그 원리들을 진리 안에서 해석하고 시행하기 위해서 부르심의 원래 의도의 의미를 먼저 이해하는 것은 매우 중요합니다.

그리스도는 자신과 가장 친밀한 교제 속에서, 그분의 삶과 온전히 일치하여, 그분의 직접적인 훈련 아래서 함께 살 사람들을 자신을 위해 따로 구별하셨습니다.

이 세 조건은 그들이 성령님을 받고 그분 자신과 및 그분이 살아오셨고 사람들에게 나누어 주실 삶에 대한 참 증인이 되는 데 필수적이었습니다.

그들에게 있어서도, 그분에게 있어서도, 모든 재산을 포기하고 빈곤 상태를 받아들이는 것은 분명히 조건과 수단이었으며, 그 조건과 수단 없이는 사람들에게 그들의 가치를 확신시킬 만큼의 능력으로 하늘의 부요를 온전히 소유할 수 없었습니다.

바울의 경우도 크게 다르지 않았던 것 같습니다.

우리가 알고 있는 명확한 명령 없이도, 주님의 성령이 바울을 사로잡고 영원한 세상을 매우 실제적이고 영광스럽게 만들어서 재산이나 지위에 대한 모든 생각을 그에게서 제거하셨습니다.

그는 다른 누구도 할 수 없었던 말을 하는 법을 배웠습니다.

그는 자신에 대해 **"가난한 자 같으나 많은 사람을 부요하게 하고 아무 것도 없는 자 같으나 모든 것을 가진 자로다."**(고후 6:10)라고 말하며 복된 주님의 가장 깊은 삶에 대해 말했습니다.

그리고 그는 자기의 놀라운 삶에서와 같이 자기의 글에서도 영원한 것에 관한 증언에 무게를 더합니다.

그리스도처럼 바울에게 있어서 가난은 모든 것을 열정적으로 헌신한 것의 자연스러운 결과였으며, 그를 통해 보이지 않는 능력이 가득하고 자유롭게 흐를 수 있는 통로가 되게 했습니다.

2. 교회 안에서의 그리스도의 가난

교회사는 부요와 세속의 힘의 증가에 비례하여 교회가 유일하게 열방을 축복할 수 있도록 위임받은 하늘의 선물을 잃어버린 것에 대한 슬픈 이야기를 들려줍니다.

사도 시대와 대조가 되는 것은 교황 중 한 명에 관한 이야기를 통해 가장 명확하게 드러납니다.

토마스 아퀴나스가 로마를 처음 방문하여 로마의 부요를 보고 놀라자, 교황은 "우리는 더는 '은과 금은 내게 없거니와'라는 말을 할 수 없소.

실제로 그렇소.

또한, '내게 있는 이것을 네게 주노니 나사렛 예수 그리스도의 이름으로 일어나 걸으라.' 하는 말을 할 수도 없소."라고 대답했습니다.

지상에서의 가난과 하늘의 권능은 밀접하게 연관되어 있습니다.

하나가 움직이면 다른 하나도 움직였습니다.

연대를 거치면서, 땅의 속박을 끊고 위에서 오는 복을 되찾는 것은 가난으로 돌아가는 것만으로 가능하다는 확신이 끊임없이 생겼습니다.

그리고 가난을 오순절 시대와 같은 위치에 두기 위해 많은 그릇된 시도가 교회의 설교와 생활에서 이루어졌습니다.

때때로, 거룩한 사람들의 진지한 노력은 일시적인 성공을 거두었지만, 곧 세상이라는 위대한 원수의 무서운 힘에 굴복했습니다.

이 실패에는 다양한 이유가 있었습니다.

실패의 이유 중 하나는 사람들이 그리스도교에서 외부적인 행동이나 상태가 유익한 것이 아니라 오직 그것을 활성화하는 정신이 유익하다는 것을 이해하지 못했다는 것입니다.

"하나님의 나라는 너희 안에 있느니라." 하신 그리스도의 말씀은 망각되었습니다.

그리고 사람들은 가난 속에서 그리스도의 영이 나타나야만 이룰 수 있는 것을 가난 자체에서 나타나기를 기대했습니다.

사람들은 그것을 법으로 만들고, 그 규칙 아래 속박하고, 그리스도를 모방할 내적인 부르심이나 능력이 없는 사람들을 그 형제단에 모으려고 했습니다.

교회는 가난에 특별한 거룩함의 외투를 입히고, 완덕의 권고(Counsels of Perfection)[1]라는 교리를 통해 더 높은 완덕에 대한

1) 로마교회에서 '완덕의 권고'는 신자들이 보다 완전한 삶, 즉 하나님과의 일치를 더욱 깊이 추구하기 위해 자발적으로 지키는 특별한 규율이나 생활 방식을 의미합니다. 이는 단순히 교회법으로 의무화된 계명을 넘어, 신자들이 스스로 선택하여 실천하는 것입니다.

상을 제공하려고 했습니다.

교회는 복음에서 명령된 것은 모든 사람이 지켜야 할 의무이지만, 어떤 행동이나 생활방식은 제자가 취사선택할 수 있다고 가르쳤습니다.

그것들은 구속력 있는 의무가 아니었습니다.

이러한 권고를 따르는 것은 단순한 순종 이상이었고, 따라서 특별한 공로가 있는 과분한 행위였습니다.

이것으로부터 로마교회가 성도들의 넘치는 공로를 공로가 부족한 자들에게 분배할 수 있는 권능을 가지고 있다는 교리가 생겨났습니다.

그리고 어떤 경우에는 가난이 단지 자기의 의의 새로운 근원이 되어 부요와 언약을 맺고 구원하겠다고 약속한 자들에게 어둡고 치명적인 그림자를 드리웠습니다.

종교개혁 시에 가난은 악의 거대한 체계의 일부로 더럽혀졌습니다.

그래서 그러한 오류를 몰아내는 과정에서 진리의 일부도 함께 몰아내졌습니다.

그 이후로 우리의 개신교 신학은 그리스도와 사도가 가난에 부여한 위치와 의미와 능력이 무엇인지 탐구하기를 시도하지 않은 것처럼 보입니다.

모든 것을 내려놓고 하나님만 의지하는 것이 얼마나 행복한지 증거하는 사람들이 아직도 많이 일어나고 있는 이 시대에도, 교회는 그리스도의 가난의 정신에 대한 믿음을 제대로 표현하지 못하고 있다고 할 수 있습니다.

그리스도의 가난의 정신은 여전히 그분의 교회 구성원들에게 주시는 은혜 중 하나로 여겨져야 합니다.

당신은 복음주의 신자들의 견해를 충족시키기 위해 성경의 가르침을 공식화하려고 할 때 약간의 어려움이 있을 것임을 알게 될 것입니다.

3. 우리 시대의 그리스도의 가난

위에서 나는 완덕(完德)의 권고에 대한 가르침과 관련된 오류들에 대해 말했습니다.

그러나 그 가르침에도 어느 정도 진리가 있었습니다.

그리스도에 대한 최고의 순종은 의무가 아니라 선택이라고 말한 것이 오류입니다.

성경은 **"사람이 선을 행할 줄 알고도 행하지 아니하면 죄니라."**(약 4:17) 하고 말씀합니다.

하나님의 뜻을 깨달은 사람마다 순종해야 합니다.

우리는 우리의 의무에 대한 우리의 이해에 영향을 미치는 지식이나 영적인 통찰력의 차이에 주의를 기울였다면 그 실수를 피할 수 있었을 것입니다.

은사와 능력, 영적 수용성과 영적 성장, 소명과 은혜에는 다양성이 있습니다.

그 다양성은 각자가 그리스도와 가장 완전한 내적 순응을 추구해야 할 의무가 아니라 그리스도 안에서 볼 수 있는 방식으로 그 순응을 외적으로 나타낼 가능성에 차이를 만듭니다.

그리스도는 3년간의 공생애 기간에 자신과 모든 시간을 하나님을 위한 직접적인 일에 바치셨습니다. 그분은 생계를 위해 노동하지 않으셨습니다.

그분은 자신을 따르고 직접적으로 왕국을 섬기는 일을 위해 모든 것을 버리는 제자들을 선택하셨습니다.

그리스도는 자신이 선택한 사람들에게 특정한 것을 요구하셨는데, 이 요구는 단순히 구원받으려고 온 무리에게는 하지 않은 것이었습니다.

그들은 그분과 함께 새로운 왕국의 일과 영광을 나누어야 했습니다.

그들은 이 세상을 위해 아무것도 소유하지 않는 가난을 그분과 함께 나누어야 했습니다.

위에서 말한 바에 따르면 어떠한 법도 정해질 수 없다는 것은 분명합니다.

이것은 법의 문제가 아니라 자유의 문제입니다.

그러나 우리는 "자유"라는 단어를 올바르게 이해해야 합니다.

그리스도인의 자유는 너무 자주 우리 자신의 의지나 세상의 즐거움을 희생하는 데 있어서 매우 큰 제약으로부터의 자유로 언급됩니다.

그 진정한 의미는 정반대입니다.

진정한 사랑은 가능한 한 자기 자신과 세상으로부터 자유로워져 그 모든 것을 하나님께 드리라고 요구합니다.

진정으로 자유로운 사람은 "나는 그리스도인으로서 얼마나 자유롭게 이것저것을 할 수 있는가?"라는 질문 대신에 "나는 그리스도를 끝까지 따르기 위해 얼마나 자유로운가?

그리스도가 나를 자유롭게 하신 자유는 정말로 그분과 가장 가까운 유사성과 연합을 갈망하는 사랑으로 그분을 따라 모든 것을 버릴 자유를 우리에게 주는가?

그리스도가 여전히 그의 교회에 주시는 선물과 부르심 중에는, 여전히 그분의 영으로 이 특별한 일을 하도록 이끄시는 사람들이 있지 않을까?

우리는 그리스도와 그의 사도들이 지상에 계셨을 때만큼이나, 하늘의 보물에 마음을 두어 지상의 모든 소유를 문자 그대로 버리는 사람이 지상의 것들을 위해 하나님을 의지할 수 있다는 구체적이고 실제적인 증거를 보여줄 남녀가 필요하지 않은가?"라고 묻습니다.

교회와 그리스도인의 삶에서 만연한 세속성을 인정하는 가운데, 이것이야말로 세상이 우리에게 미치는 미묘하지만 강력한 요구에 대한 저항이 아닐까요?

모든 교회, 선교, 자선 사업과 관련하여 다음과 같은 질문이 제기됩니다.

"그리스도교 국가에서 수천억 달러가 사치품에 쓰이는 반면, 하나님의 사업에는 단지 수백만 달러만 쓰이는 것은 왜일까?"

모든 그리스도인이 이런 식으로 하나님의 사업에 인색하면 무엇을 할 수 있을지 뻔합니다.

나는 이러한 모든 질문이 별 효과가 없다고 생각합니다.

그러므로 하나님 사업의 후원은 다른 곳에서 와야 합니다. 그리스도는 자신을 둘러싸고 모인 가장 가까운 사람들에게 자신과 같은 절대적인 가난을 요구하셨습니다.

그리스도는 여전히 자기의 가난을 견뎌내는 증인들을 찾으십니다.

그분은 그렇게 하셨고, 지금도 하고 있습니다. 많은 선교사와 구세군 장교, 많은 겸손한 무명의 사역자 안에서 그분의 영은 그분의 거룩한 모습을 드러내고 있습니다.

그분은 하나님의 자녀들 가운데 더 깊은 부흥을 바라는 시대에 더욱 풍성하게 그것을 행하실 것입니다.

그분을 기다리고, 그분의 가르침을 받고, 그분의 마음을 알고, 그분의 거룩한 모습을 나타내는 모든 사람은 복이 있습니다.

그것은 그분과 가장 가까운 사람들이 그분의 임재의 능력을 증명하듯이, 두 번째와 세 번째로 가까운 사람들도 그 영향력을 느낄 것입니다.

가난한 삶에 대하여 느끼지 못할 수도 있는 중산층 사람들은 그 모범이 되는 그리스도 안에 들어가게 되면 그리스도를 섬기기 위해 그들이 이전보다 훨씬 더 많은 안락과 즐거움을 희생해야 할 것입니다.

부자들은 하나님이 그들의 길에 세우신 경계 신호들에 주목할 것입니다.

> "낙타가 바늘귀로 들어가는 것이 부자가 하나님의 나라에 들어가는 것보다 쉬우니라 하시니."(눅 18:25)
>
> "너희를 위하여 보물을 땅에 쌓아두지 말라. 거기는 좀과 동록이 해하며 도둑이 구멍을 뚫고 도둑질 하느니라. 오직 너희를 위하여 보물을 하늘에 쌓아두라. 거기는 좀이나 동록이 해하지 못하며 도둑이 구멍을 뚫지도 못하고 도둑질도 못하느니라. 네 보물이 있는 곳에 네 마음도 있느니라."(마 6:19-21)
>
> "부하려 하는 자들은 시험과 올무와 여러 가지 어리석고 해로운 욕심에 떨어지나니 곧 사람으로 파멸과 멸망에 빠지게 하는 것이라. 돈을 사랑함이 일만 악의 뿌리가 되나니 이것을 탐

내는 자들은 미혹을 받아 믿음에서 떠나 많은 근심으로써 자기를 찔렀도다."(딤전 6:9-10)

그리고 이러한 모범을 통해 그들이 그리스도의 가난을 직접 나누지 못하더라도, 적어도 하늘의 보물에 마음을 더욱 집중하도록 도움을 받을 것입니다.

그들은 믿음이 풍성하고, 선한 일이 풍성하고, 하나님께 부자가 되며, 하나님의 후사가 되고, 풍성한 은혜와 영광을 받을 자들이 될 것입니다.

4. 그리스도의 가난과 그것이 가져오는 부요

"그의 가난함으로 말미암아 너희를 부요하게 하려 하심이라."(고후 8:9b)

그분의 가난은 우리의 믿음의 대상일 뿐만 아니라, 경험과 교제로서 그리스도의 부요에 가장 완전하게 들어갈 수 있는 통로입니다.

우리가 이미 지적한 그리스도의 가난과 그 자발적인 교제가 가져오는 복된 것의 몇 가지 측면을 함께 알아보겠습니다.

가난은 영적 생활에 대한 도움입니다.

가난은 영혼을 하나님과 보이지 않는 세상에 헌신하도록 하고, 일상생활의 가장 작은 것들에서 그분의 임재와 돌봄의 절대성을 깨닫게 하고, 하나님을 신뢰하는 것이 모든 시간적인 관심과 영적인 관심의 실제로 흘러나는 샘이 되도록 합니다.

가난은 그를 하나님의 뜻과 길에 가장 가깝게 연결시킵니다.

몸의 필요 때문에 힘들 때도, 이를 통해 하나님과 더 가까워지고, 하나님이 우리 삶의 모든 부분에 계신다는 것을 느낄 수 있습니다.

이를 통해 우리는 물질적인 것보다 영적인 것을 더 중요하게 여기고, 항상 감사하고 기뻐할 수 있습니다.

가난은 세상의 영을 저항합니다.

그리스도인의 삶은 이 세상의 관심이나 소유물에서 오는 미묘하고 설명할 수 없는 세속성으로부터 더 고통을 받습니다.

이 세상의 신은 이를 통해 그 숨겨진 무서운 힘을 행사합니다.

이것은 하나님에게서 멀어진 나실인이 무력해지고 무릎 위에서 잠들도록 한 델릴라입니다.

이러한 잠에서 깨어나고 벗어나기 위해서는 단순한 설교나 물질적인 나눔보다 더 강력한 것이 필요합니다.

하나님이 사람들에게 능력을 주시고, 주님처럼 지상의 모든 것을 포기하고, 하늘의 부요와 그것이 주는 만족을 선포하는 것은 그들에게 설명할 수 없는 복이 되게 하는 정신과 능력의 증거가 필요합니다.

이 세상의 영에 대한 저항은 하늘왕국의 가장 강력한 선포가 될 것이며, 하늘이 지금도 소유할 수 있는 자기 증명적인 계시가 될 것입니다.

가난은 예수님의 형상과 모습에 어떤 영향을 미칩니다.

우리는 종의 형태로 우리 주님을 경배하고, 경건한 겸손과 사랑의 가장 완전한 형식으로 경배합니다.

그분의 가난은 그분이 거하셨던 종의 형태의 필수적인 부분이었습니다.

모든 시대의 일부 사람들은 그리스도를 따르는 삶을 살기 위해 열망했습니다.

그리스도는 외적인 모습과 내적인 마음이 완전히 일치하셨습니다.

그리스도의 몸인 교회에는 다양한 사람들이 있습니다.

그중에는 그리스도처럼 가난한 삶을 살도록 부르심을 받은 사람들이 있습니다.

이러한 사람들은 다른 사람들에게 그리스도의 가난한 삶을 보여줄 수 있습니다.

그들은 그리스도의 영으로 인도받아 그리스도의 모습을 나타냅니다.

그들은 부요하셨지만 가난해지신 그리스도의 놀라운 은혜를 보여주는 사람들입니다.

그리스도의 가난은 다른 사람들을 부요하게 만드는 능력입니다.

우리는 그분의 가난을 통해 부자가 됩니다.

그분의 백성 안에서 그분의 가난은 우리에게 부요의 복을 가져옵니다.

교회에서 부르심을 느끼지 못하거나 하나님의 섭리에 의해 그 소망을 따르도록 허락받지 못한 많은 사람이 그 광경에 의해 자극받고 강화될 것입니다.

어떤 증인이 온전한 순종의 복된 것에 대해 증언할 때, 이 길에 부르심을 받지 못한 사람들도 자신이 소유하고 유지하는 재산 속에서 가능한 한 가깝게 접근하도록 촉구될 것입니다.

그리스도인의 베풂은 양적으로만 더 관대한 것이 아니라, 그 정신 곧 베풂을 촉진하는 사전 계획과 실제적인 자기희생에 있어서도 더 관대할 것입니다.

그리스도의 가난은 물론이거니와 그들의 가난을 통해서도 많은 사람이 부요하게 될 것입니다.

전문가가 의학의 어떤 분야에서 헌신하면 그의 연구로 모든 사람이 이익을 얻는 것처럼, 우리 주님의 가난을 사랑하고 그 안에 살면서 그것을 드러내는 이들을 통해 교회는 더욱 부요해집니다.

그들을 통해 그리스도의 가난을 알지 못하는 많은 사람의 마음에 자리를 잡게 됩니다.

그리스도의 가난은 세상을 극복하기 위한 그분의 일부였으며, 세상을 이기는 우리의 승리 곧 우리 믿음의 일부가 될 수 있음을 보게 됩니다.

5. 그리스도의 가난과 우리의 의무

나는 모두가 같은 부르심을 받은 것은 아니라고 말했습니다. 우리는 우리의 부르심이 무엇인지 어떻게 알 수 있습니까?

우리는 무지나 편견, 자기만족이나 세속성, 인간의 지혜나 불신이 우리를 흔들어 완전한 마음의 단순함에서 멀어지게 하고 하나님의 완전한 뜻의 온전한 빛을 볼 수 없도록 허용하기도 합니다.

완벽한 안전을 찾을 수 있는 위치가 어디인지, 그리고 우리가 하나님의 인도와 승인을 확신하며 의지할 수 있는 위치가 어디인지 살펴보겠습니다.

2주 전, 나는 하나님의 죽어가는 종인 우리 선교연구소의 원장 조지 퍼거슨 목사의 침대 옆에 서 있었습니다.

그는 선교학 수업을 준비하는 과정에서 나온 본문에 대해 묵상했던 이야기를 들려주었습니다.

그것은 **"너희의 죄가 주홍 같을지라도 눈과 같이 희어질 것이요."**(사 1:18)라는 말씀이었습니다.

그가 이 구절을 묵상할 때 마치 누군가 그에게 "눈과 같이 희다고? 그것이 무엇인지 아느냐?"라고 묻는 것 같았습니다.

그는 "아니요, 주님. 오직 주님만 아십니다. 저는 모릅니다" 라고 대답했습니다.

그 후 다시 "너는 눈과 같이 희게 될 수 있느냐? 너는 자신을 눈과 같이 희게 만들 수 있느냐?"라는 질문을 받았습니다.

그는 "아니요, 주님. 저는 할 수 없습니다. 그러나 주님은 하실 수 있습니다"라고 대답했습니다.

그러자 그분이 다시 그에게 "내가 너를 눈과 같이 희게 만들어도 되겠느냐?"라고 물으셨습니다.

그는 "예, 주님. 주님의 은혜로 저는 기꺼이 그렇게 되기를 원합니다. 주님께서 하실 수 있는 모든 것을 하십시오."라고 대답했습니다.

이 세 가지 질문은 우리의 의무가 무엇인지를 제안합니다.

예수 그리스도의 가난, 당신은 이것이 무엇인지 압니까?

그분에게 이것이 무엇이며, 그분의 제자들과 바울에게 이것이 무엇이며, 마지막 때의 성도들에게 이것은 무엇입니까?

당신에게 이것은 무엇입니까?

당신은 "주님, 주님만 아십니다"라고 대답해야 할 것입니다.

이것이 우리에게 가장 먼저 그리고 무엇보다도 필요한 것입니다.

하나님이 우리의 눈을 열어 주님의 가난 속에서 그분의 영적 영광을 보게 하신다면, 그분이 모든 세상적인 안락이나 자기만족을 완전히 포기하신 것을 본다면, 그것이 표현하는 신성한 영광을 본다면, 우리는 그것이 얼마나 무한히 아름다운지, 모든 거룩한 천사들에게 얼마나 무한한 기쁨이 되는지, 그때 비로소 어느 정도 그것이 우리가 열망하고 모방해야 할 것인지 말할 수 있을 것입니다.

만약 우리가 하늘의 영광과 우리 주님과의 유사성의 정도를 보게 된다면, 우리는 "나는 내가 알지 못하는 것을 말했습니다.

하나님이 이것에서도 그분의 영광을 보여주기를 원합니다.

당신들을 위해 그분이 가난해지셨습니다.

당신들이 그분의 가난을 통해 부요해질 수 있도록 그렇게 하신 것입니다."라고 말할 것입니다.

당신은 이것을 판단하기 전에 성령님으로 기도하여 이것을 알도록 하십시오.

두 번째 질문은 이렇습니다.

"너는 그것을 얻을 수 있느냐?

너는 예수와 비슷하게 하나님과 동료 인간을 위해 세상에서 모든 것을 포기하고, 하늘의 부요와 하나님만 의지하는 복된 것에서 기쁨을 찾을 수 있느냐?"

당신은 "아니요, 주님. 저는 할 수 없습니다.

그러나 주님은 하실 수 있습니다"라고 대답할 것입니다.

하나님의 아들을 바라보고 경배하십시오.

그분을 그렇게 만드신 분은 하나님이셨고, 그 하나님이 그분의 강력한 힘으로 나에게 그분의 신성한 모습을 닮도록 역사하실 수 있습니다.

하나님이 그분의 영으로 예수님의 가난이 무엇인지 계시하시고, 그것을 당신이 감당할 수 있는 만큼 당신 안에서 역사하도록 기도하십시오.

그분의 가난에 더 깊이 들어갈수록 당신은 더 부요하게 된다는 것을 확신하십시오.

그리고 당신의 마음을 살피려고 마지막 질문이 주어집니다.

"너는 그렇게 하기를 원하느냐?"

그러면 분명히 당신은 "주님의 은혜로, 저는 그렇게 하기를 원합니다!"라는 대답을 준비합니다.

당신은 당신 삶의 모든 복잡함에서 벗어날 길이 보이지 않을 수 있습니다.

당신은 당신이 감당할 수 없는 희생과 시련을 당할 것을 두려워할 수 있습니다.

두려워하지 마십시오.

당신은 분명히 하나님의 완전한 사랑에 자신을 굴복시켜 그분의 완전한 뜻을 이루도록 하는 것을 두려워해서는 안 됩니다.

그분이 정말로 당신에게 하라고 하시는 모든 것에 대해 그분은 분명히 빛과 힘을 주실 것입니다.

어린양이 높임 받은 부요와 존귀와 영광의 보좌는 우리가 그분의 가난을 통해서보다 더 확실한 부요와 존귀를 얻을 길이 없다는 것을 확실히 증명합니다.

단순함 속에서 주님의 인도하심에 순종하는 사람은 그분의 고난이 여기에서도 그분의 영광을 가져온다는 것을 알게 될 것입니다.

"우리 주 예수 그리스도의 은혜를 너희가 알거니와 부요하신 이로서 너희를 위하여 가난하게 되심은 그의 가난함으로 말미암아 너희를 부요하게 하려 하심이라."

"베드로가 이르되 네가 하나님의 선물을 돈 주고 살 줄로 생각하였으니 네 은과 네가 함께 망할지어다."(행 8:20)

부록

돈. 헌금. 구제, 가난, 부자에 대한 말씀묵상

1. 돈에 대하여

전 10:19b 돈은 범사에 이용되느니라.

사 55:1 돈 없는 자도 오라. 너희는 와서 사 먹되 돈 없이 값 없이 와서 포도주와 젖을 사라. 돈 주고 살줄로 생각하였으니 네 은과 네가 함께 망할지어다.

딤전 3:2-3 그러므로 감독은 책망할 것이 없으며…술을 즐기지 아니하며 구타하지 아니하며 오직 관용하며 다투지 아니하며 돈을 사랑하지 아니하며

딤전 6:10 돈을 사랑함이 일만 악의 뿌리가 되나니 이것을 탐내는 자들은 미혹을 받아 믿음에서 떠나 많은 근심으로써

자기를 찔렀도다.

딤후 3:1-2a 너는 이것을 알라. 말세에 고통하는 때가 이르러 사람들이 자기를 사랑하며 돈을 사랑하며 자랑하며 교만하며.

히 13:5 돈을 사랑하지 말고 있는 바를 족한 줄로 알라.

2. 헌금(제물)에 대하여

신 23:18 창기가 번 돈과 개 같은 자의 소득은 어떤 서원하는 일로든지 네 하나님 여호와의 전에 가져오지 말라. 이 둘은 다 네 하나님 여호와께 가증한 것임이니라.

사 1:11-13 여호와께서 말씀하시되 너희의 무수한 제물이 내게 무엇이 유익하뇨? 나는 숫양의 번제와 살진 짐승의 기름에 배불렀고 나는 수송아지나 어린 양이나 숫염소의 피를 기뻐하지 아니하노라. 너희가 내 앞에 보이러 오니 이것을 누가 너희에게 요구하였느냐? 내 마당만 밟을 뿐이니라. 헛된 제물을 다시 가져오지 말라. 분향은 내가 가증이 여기는 바요 월삭과 안식일과 대회로 모이는 것도 그러하니 성회와 아울러 악을 행하는 것을 내가 견디지 못하겠노라.

마 5:23-24 그러므로 예물을 제단에 드리려다가 거기서 네 형제에게 원망들을 일이 생각나거든 예물을 제단 앞에 두고 먼저 가서 형제와 화목하고 그 후에 와서 예물을 드리라.

눅 21:1-4 부자들이 연보 궤에 헌금 넣는 것을 보시고 또 어떤 가난한 과부가 두 렙돈 넣는 것을 보시고 이르시되 내가 참으로 너희에게 말하노니 이 가난한 과부가 다른 모든 사람보다 많이 넣었도다. 저들은 풍족한 중에서 헌금을 넣었거니와 이 과부는 그 가난한 중에서 자기가 가지고 있는 생활비 전부를 넣었느니라 하시니라.(막 12:41-44 참조)

막 12:33 또 마음을 다하고 지혜를 다하고 힘을 다하여 하나님을 사랑하는 것과 또 이웃을 자기 자신과 같이 사랑하는 것이 전체로 드리는 모든 번제물과 기타 제물보다 나으니이다.

고후 9:7 각각 그 마음에 정한 대로 할 것이요 인색함으로나 억지로 하지 말지니 하나님은 즐겨 내는 자를 사랑하시느니라.

3. 구제에 대하여

신 15:7-8 어느 성읍에서든지 가난한 형제가 너와 함께 거주하거든 그 가난한 형제에게 네 마음을 완악하게 하지 말며 네 손을 움켜쥐지 말고 반드시 네 손을 그에게 펴서 그에게 필요한 대로 쓸 것을 넉넉히 꾸어주라.

신 15:11 땅에는 언제든지 가난한 자가 그치지 아니하겠으므로 내가 네게 명령하여 이르노니 너는 반드시 네 땅 안에 네 형제 중 곤란한 자와 궁핍한 자에게 손을 펼지라.

신 23:19-20 네가 형제에게 꾸어주거든 이자를 받지 말지니 곧 돈의 이자, 식물의 이자, 이자를 낼만한 모든 것의 이자를 받지 말 것이라.

시편 41:1 가난한 자를 보살피는 자에게 복이 있음이여 재앙의 날에 여호와께서 그를 건지시리로다.

잠 11:24-25 흩어 구제하여도 더욱 부하게 되는 일이 있나니 과도히 아껴도 가난하게 될 뿐이니라. 구제를 좋아하는 자는 풍족하여질 것이요 남을 윤택하게 하는 자는 자기도 윤택하여지리라.

잠 19:17 가난한 자를 불쌍히 여기는 것은 여호와께 꾸어드리는 것이니 그의 선행을 그에게 갚아주시리라.

잠 28:27 가난한 자를 구제하는 자는 궁핍하지 아니하려니와 못 본 체하는 자에게는 저주가 크리라.

마 6:3-4 너는 구제할 때에 오른손이 하는 것을 왼손이 모르게 하여 네 구제함을 은밀하게 하라. 은밀한 중에 보시는 너희 아버지께서 갚으시리라.

마 6;19-21 너희를 위하여 보물을 땅에 쌓아두지 말라. 거기는 좀과 동록이 해하며 도둑이 구멍을 뚫고 도둑질 하느니라. 오직 너희를 위하여 보물을 하늘에 쌓아두라. 거기는 좀이나 동록이 해하지 못하며 도둑이 구멍을 뚫지도 못하고 도둑질도 못하느니라. 네 보물이 있는 곳에 네 마음도 있느니라.

행 10:4b 네 기도와 구제가 하나님 앞에 상달되어 기억하신 바 되었으니.

4. 가난에 대하여

신 15:5 네가 만일 네 하나님 여호와의 말씀을 듣고 내가 오늘 네게 내리는 그 명령을 다 지켜 행하면 네 하나님 여호와께서 네게 기업으로 주신 땅에서 네가 반드시 복을 받으리니 너희 중에 가난한 자가 없으리라.

삼상 2:7 여호와는 가난하게도 하시고 부하게도 하시며 낮추기도 하시고 높이기도 하시는도다.

시편 35:10 그는 가난한 자를 그보다 강한 자에게서 건지시고 가난하고 궁핍한 자를 노략하는 자에게서 건지시는 이라 하리로다.

시편 68:10b 하나님이여 주께서 가난한 자를 위하여 주의 은택을 준비하였나이다.

시편 113:7 가난한 자를 먼지더미에서 일으키시며 궁핍한 자를 거름더미에서 세워 지도자들 곧 그의 백성의 지도자들과 함께 세우시며.

잠 10:4 손을 게으르게 놀리는 자는 가난하게 되고 손이 부지런한 자는 부하게 되느니라.

잠 14:31 가난한 자를 학대하는 자는 그를 지으신 이를 멸시하는 자요 궁핍한 사람을 불쌍히 여기는 자는 주를 경외하는 자니라.

잠 29:7 의인은 가난한 자의 사정을 알아주나 악인은 알아줄 지식이 없느니라.

잠 30:8 나를 가난하게도 마옵시고 부하게도 마옵시고 오직 필요한 양식으로 나를 먹이시옵소서.

마 5:3 심령이 가난한 자는 천국이 그들의 것임이요.

마 11:5 가난한 자에게 복음이 전파된다 하라.

눅 4:18 주의 성령이 내게 임하셨으니 이는 가난한 자에게 복음을 전하게 하시려고 내게 기름을 부으시고.

고후 6:10 근심하는 자 같으나 항상 기뻐하고 가난한 자 같으나 많은 사람을 부요하게 하고 아무것도 없는 자 같으나 모든 것을 가진 자로다.

고후 8:9 우리 주 예수 그리스도의 은혜를 너희가 알거니와 부요하신 이로서 너희를 위하여 가난하게 되심은 그의 가난으로 말미암아 너희를 부요하게 하려 하심이라.

약 2:5 하나님이 세상에서 가난한 자를 택하사 믿음에 부요하게 하시고.

계 2:9a 내가 네 환난과 궁핍을 알거니와 실상은 네가 부요한 자니라.

5. 부자에 대하여

마 6:24 한 사람이 두 주인을 섬기지 못할 것이니 혹 이를 미워하고 저를 사랑하거나 혹 이를 중히 여기고 저를 경히 여김이라. 너희가 하나님과 재물을 겸하여 섬기지 못하리라.(눅 16:13 참조)

마 19:23-26 내가 진실로 너희에게 이르노니 부자는 천국에 들어가기가 어려우니라. 다시 너희에게 말하노니 낙타가 바늘귀로 들어가는 것이 부자가 하나님의 나라에 들어가는 것보다 쉬우니라 하시니 제자들이 듣고 몹시 놀라 이르되 누가 구원을 얻을 수 있으리이까? 예수께서 그들을 보시며 이르시되 사람으로는 할 수 없으나 하나님으로서는 다 하실 수 있느니라.(눅 18:24-27 참조)

눅 16:19-24한 부자가 있어 자색 옷과 고운 베 옷을 입고 날마다 호화롭게 즐기더라.그런데 나사로라 이름하는 한 거지가 헌데 투성이로 그의 대문 앞에 버려진 채 그 부자의 상에서 떨어지는 것으로 배불리려 하매 심지어 개들이 와서 핥더라. 이에 거지가 죽어 천사들에게 받들려 아브라함의 품에 들어가고 부자도 죽아 장사되매 …내가 불꽃 가운데서 괴로워

하나이다.

눅 21:1-4 부자들이 연보 궤에 헌금 넣는 것을 보시고 또 어떤 가난한 과부가 두 렙돈 넣는 것을 보시고 이르시되 내가 참으로 너희에게 말하노니 이 가난한 과부가 다른 모든 사람보다 많이 넣었도다. 저들은 풍족한 중에서 헌금을 넣었거니와 이 과부는 그 가난한 중에서 자기가 가지고 있는 생활비 전부를 넣었느니라 하시니라.(막 12:41-44 참조)

딤전 6:9 부하려 하는 자들은 시험과 올무와 여러 가지 어리석고 해로운 욕심에 떨어지나니 곧 사람으로 파멸과 멸망에 빠지게 하는 것이라.

돈. 헌금. 구제. 가난. 부자에 대한 성경의 평가기준

돈과 예수

펴 낸 날 1판 1쇄 2024년 10월 15일

지 은 이 앤드류 머레이
옮 긴 이 임은묵
편집디자인 민상기
발 행 인 이환호
펴 낸 곳 도서출판 예찬사
등 록 1979. 1. 16 제 2018-000103
주 소 경기도 고양시 덕양구 중앙로 557번길 8-9. 엠앤지프라자 407-2호
전 화 02-798-0147-8
팩시밀리 031-979-0145
블 러 그 blog.naver.com/yechansa
전자우편 octo0691@naver.com

ISBN 978-89-7439-521-6 03230

좋은 책은 좋은 사람을 만듭니다.

예찬사는 기독교 출판 실천윤리강령을 준수합니다.